Theophil Tobler

# Heilung und Gebet

Theophil Tobler

# Heilung und Gebet

Fromm Verlag

**Imprint**
Any brand names and product names mentioned in this book are subject to trademark, brand or patent protection and are trademarks or registered trademarks of their respective holders. The use of brand names, product names, common names, trade names, product descriptions etc. even without a particular marking in this work is in no way to be construed to mean that such names may be regarded as unrestricted in respect of trademark and brand protection legislation and could thus be used by anyone.

Cover image: Theophil Tobler

Publisher:
Fromm Verlag
is a trademark of
International Book Market Service Ltd., member of OmniScriptum Publishing Group
17 Meldrum Street, Beau Bassin 71504, Mauritius

Printed at: see last page
**ISBN: 978-620-2-44280-0**

## Heilung und Gebet

Diese zwei aktuellen Themen beschäftigen viele und sie sind von verschiedenen Seiten zu beleuchten.

Der erste Teil ist der Thematik von Krankheit, Gesundheit und Heilung gewidmet. Ein Schwerpunkt bildet dabei die heilsame Begegnung von Kranken und Gesunden. Ein spezieller Bericht illustriert Fragen zu Gesundheit, Krankheit, Begegnung, Heil und Heilung.

Der zweite Teil nimmt Fragen zum Gebet auf. Für viele hat beten eine starke Beziehung zu Krankheit und Gesundheit - aber nicht nur. Weitere Zusammenhänge werden aufgezeigt. Die 15 Unterthemen zum Beten weisen auf ein beachtliches Spektrum hin.

Der dritte Teil bietet Gebete aus dem Bereich Gesundheit, Krankheit und Belastung - verbunden mit Bitten und Vertrauen.

„Heilung und Gebet" ist in besonderer Weise meiner Gattin Margrit gewidmet und mit ihr auch allen, die schon viele Krankheitszeiten erleiden mussten und neuen Mut zum Leben finden konnten.

Theophil Tobler

-------

## Inhaltsverzeichnis

Erster Teil: Heilung

Gesunde und Kranke, Krankheit und Heilung
Was bedeutet: gesund oder krank sein?
Die Zeiten
Die paradiesische Zeit
Wir leben in der heutigen Welt
Die ‚3 K': Krankheit, Katastrophen und Kriege
Die ‚4 H': Hoffnung, Hilfe, Heilung und Heil
Die zukünftige Heilszeit steht noch bevor
Gesundheit und Krankheiten
Ist die Krankheit eine Strafe?
Und die Umgebung?
Gesundheit und Wellness
Was haben Kranke zu erwarten?

Warten auf Gesundheit?
Antworten und offene Fragen
Verschiedene Angebote
Was können Gesunde geben?
Mitmensch sein
Almosen oder Wohltat?
Die Hand, eine Berührung
Zwei besondere Wege
Wunder?
Was ist der Sinn des Lebens?
Der Regenbogen - von Margrit Tobler-Müller
Gebetsworte von Blaise Pascal

Zweiter Teil: Beten

1. Gebet und Liebe
2. Fürbitte
3. Das Bitt-Gebet
4. In Jesu Namen beten
5. Dankgebete
6. Anbetung
7. Buss-Gebet
8. Fasten und Gebet
9. Warum?
10. Gebet um Heilung
11. Heiliger Geist und Gebet
12. Gebetszeiten
13. Stille Zeit
14. Gebete
15. Segen

Gebet mit Psalm 139

Dritter Teil: Gebete - Gedichte

## Heilung

Zum Geburtstag meiner Frau Margrit - im März - erreichte uns eine Karte mit dem Satz: „Wir wünschen Dir das Allerwichtigste – Gesundheit!“ (aus Uelzen/D). Und im Krankenhaus in Winterthur/CH las ich - kurz darnach - den Satz: „Gesundheit ist alles – ohne Gesundheit ist alles nichts! - „Gueti Gsundheit! Gute Gesundheit!“ – oder auch nur „Gsundheit!“ gehört zu den häufigsten Wünschen. Gesundheit ist ein besonderes Vorrecht.

## *Von Gesunden und Kranken, von Gesundheit und Krankheit, von Heil und Heilung*

Was muss über dieses vielschichtige Thema von Gesunden und Kranken, von Krankheit und Heilung gesagt werden?

An Verlautbarungen und auch an Texten fehlt es nicht. Da sind vor allem die etwa *40 Berichte über Heilungen* durch Jesus! (Bernhard Martin, Die Heilung, S. 21f). Grossartig! - Aber Lukas, der Arzt (Kolosser 4,14) berichtet: „... sie wollten Jesus hören und von ihren Krankheiten geheilt werden; doch er zog sich an einen einsamen Ort zurück“ (Lukas 5,15f). Was bedeutet das? Ist die Heilung von Krankheiten doch nicht das Wichtigste?

Über den Auftrag Jesu an die Jünger heisst es an *erster Stelle*: „Er sandte sie aus, das Reich Gottes zu predigen...“ und *als Zweites*: „Heilt die Kranken“ (Matthäus 10,8). Was gilt jetzt? Gesundheit für alle? - oder doch nicht?

Wie *eine dritte Dimension* nennt Kolosser 1,24 das Bekenntnis: „Ich freue mich in den Leiden...“ – Gibt's denn auch das? auch heute noch?

## *Gesunde und Kranke, Krankheit und Heilung*

Bei diesem vielschichtigen Thema hilft ein Bericht aus der Apostelgeschichte. Die Überschrift sagt: *„Petrus und Johannes heilen einen Lahmgeborenen im Namen Jesu“* (Apg. 3,1-11).

Es ist *die erste* von neun konkreten Heilungsgeschichten, die uns in der Apostelgeschichte berichtet wird. Die erste Heilungsgeschichte aus dem Bereich der jungen Christen-Gemeinde hat auch heute einiges zu sagen. Dabei brechen spannende Fragen auf, z.B.:

Was bedeutet gesund oder krank sein?
Was haben Kranke zu erwarten?
Was können Gesunde geben, die das Wohl der Mitmenschen suchen? Und:
Was bedeutet es, in einer Welt von Wunden und Wundern zu leben?

## *Was bedeutet: gesund oder krank sein?*

Im ersten Teil der erwähnten Geschichte sagt Lukas: „Petrus und Johannes... gingen in den Tempel hinauf.“ Offensichtlich: Gesund und rüstig stiegen sie – kurz nach dem Pfingst-Ereignis - die Stufen hinauf zum Gotteshaus. Und im nächsten Atemzug lesen wir: „Ein Mann, der von Mutterleib an lahm war, wurde herbei getragen...“ (Apg. 3,2). Ein Gelähmter; „choolos“, d.h. gebrechlich, hinkend, lahm.

Eine Behinderung, ein Zeichen einer Krankheit, einer Blockade. Das bedeutet: **Ver**hinderung und **Aus**geschlossensein: „... vor der Türe des Tempels" und dazu noch: „vor der Türe..., die die Schöne heisst" (V. 2).

Ausgeschlossen vom Schönen des Leben und von den Feiern, das ist die Tragik dieses Mannes. Zwei gehen *gesund* durch ihr Leben – und einer liegt *gelähmt* am Boden. So ist das Leben. Wenn bei einem Ballon die Luft - oder das Gas - draussen ist, liegt er leer am Boden.

Gesund sein und krank sein sind *Phasen unseres Lebens.* - Für diese Phasen der Gesundheit oder der Krankheit sind wir „für kurze Zeit auf diesem Planeten zuhause", las ich im Rundbrief des Frauendienstes. „Für kurze Zeit auf diesem Planeten." Was heisst das? Was bedeutet: kurz oder lang?

## *Drei Zeiten - nennt die seit Jahrhunderten übliche Sichtweise*

Die paradiesische Zeit; die nicht mehr paradiesische Zeit, d.h. die Zeit, in der wir leben und die zukünftige Heilszeit, die Vollendung im Reich Gottes.

## *Die paradiesische Zeit*

Sie kennt nach Genesis/1. Mose 1 und 2 für die Zeit *vor* dem Sündenfall keine Krankheiten oder Leiden. Oder ist etwa Eva einmal – wie meine Frau Margrit in Amerika – in einen stacheligen Kaktus gefallen? Mit allen Folgen und Schmerzen? Schmerzen? Nein, so stellen wir uns ein Paradies nicht vor. Aber für die Zeit *nach* der Verführung kann ich mir die seelischen, die psychischen Konflikte und die Schmerzen sehr wohl vorstellen. Da erwacht das schlechte Gewissen. Nun wissen sich die Schuldigen ausgestossen. Ausgeschlossen sein wird mit Elend bezeichnet. Und als Elend wurde das Ausland verstanden mit allem Unbekannten und allen Leiden.

## *Wir – wir leben in der heutigen Welt*

Das ging auch Petrus und Johannes und dem Gelähmten nicht anders. D.h. wir leben trotz allem Schönen – und schönen Pforten - nicht in einem Paradies. Und wir leben auch noch nicht in der Herrlichkeit der Vollendung. Jesus kam in die Leiden dieser Welt. Sein Kommen in Herrlichkeit steht noch bevor.

Zwar wird in unserer heutigen Welt an einzelnen Stellen auch von einem „Paradies" gesprochen z.B. von einem Ferien-Paradies oder sogar von einem Himmel voller Geigen. Da fühlen sich verliebte Teenager – oder von Drogen Berauschte - dem Alltäglichen entrückt. Umso härter ist dann die Rückkehr in den Alltag dieser Welt.

Neben „Paradies und Himmel“ wird ja auch noch von der „Hölle“ gesprochen. Wir denken an die Hölle eines Erdbebens: „Alles wankt!“ - oder an die Flammenhölle eines Waldbrandes in Australien oder Kalifornien: „Ich bekomme keine Luft mehr, ich ersticke!“ Unvergesslich ist die Hölle eines Zunamis: „Ich gehe unter!“ Es wird aber auch von höllischen Schmerzen gesagt, von Leidenden und Gequälten, die eine solche Zeit als Hölle bezeichneten

## *Die ‚3 K': Krankheit, Katastrophen und Kriege*

Diese ‚3 K' gehören leider zu unserer Welt. Das hat auch Jesus erlebt. Und alle drei sind verbunden mit Schmerzen und mit der Unsicherheit über den Verlauf und über den Ausgang. Und doch gibt es neben den ‚3 K' von Krankheiten, Katastrophen und Kriegen - noch ‚die 4 H'.

## *Die ‚4 H': Hoffnung, Hilfe, Heilung und Heil*

‚Die 4 H' haben wir noch nicht uneingeschränkt. Wir sind noch nicht am Ziel. Wir sind ja eben noch „für kurze Zeit auf diesem Planeten zuhause.“ Aber: Wer wollte nicht mindestens auf Hilfe und Heilung hoffen? Einige pendeln im Dualismus zwischen dem Guten und dem Bösen hin und her und finden keinen Frieden. Andere haben Gott und der Hoffnung abgesagt und sich dem Atheismus zugewandt – auch sie ohne Frieden. Wir wissen es:

## *Die zukünftige Heilszeit steht noch bevor*

Dabei denke ich besonders an Verheissungen aus den Psalmen wie auch aus dem letzten Buch der Bibel. In Psalm 103,2-3 heisst es: „Lobe den Herrn, meine Seele, und vergiss nicht, was er dir Gutes getan hat. Der dir alle deine Schuld vergibt und heilt alle deine Gebrechen.“ Die totale Vergebung können wir schon jetzt erleben. Aber die totale Heilung aller Gebrechen erwartet uns erst in der Vollendung. - „Ich bi no am Warte“, sagte die Frau im Pflegeheim - ich bin noch am Warten. Ich antwortete: „Aber mir sind uf em Heiwäg“ - aber wir sind auf dem Heimweg. „Ja, ja, Sie säged's, uf em Heiwäg“ - ja, ja, Sie sagen es, auf dem Heimweg.

Wenn wir vom Glauben zum Schauen kommen erleben wir, was in Offenbarung 21,4 steht: „Gott... wird alle Tränen abwischen von ihren Augen, und der Tod wird nicht mehr sein, und kein Leid noch Geschrei noch Schmerz wird mehr sein; denn das Erste ist vergangen.“ Diese Zeit ohne Kriege, Katastrophen und Krankheiten, ohne Schmerzen und Schreie, ohne Leiden und Tod, diese Zeit nennen wir: Zukunft, d.h. das kommt erst.

Wir fragten, was bedeutet gesund oder krank sein?

## *Gesundheit und Krankheiten*

Gesundheit und Krankheit sind – nicht nur verschiedene Phasen des Lebens. „Die ***Gesundheit*** ist sehr ungleich verteilt“ - die „physische und psychische“, las ich in der Presse. Gesundheit und Krankheit sind auch mit sehr verschiedenen Empfindungen verbunden.

Da sagt jemand: Heute fühle ich mich *‚vögeli-wohl' - wohl wie ein Vogel*! Und ein anderer Mitmensch seufzt: Ich fühle mich *sterbens-elend.* Der Zustand und die Empfindungen können auch extrem rasch wechseln. Am morgen - gesund! Am Nachmittag - krank. Am Abend - tot. Oder noch schneller: Bei der Vorarbeit zu dieser Predigt kam Margrit mit dem Bericht nach Hause: Unser Freund, Matthias, ist soeben mit 49 Jahren an einem Herzversagen gestorben. Gesund und tot. Und schon ist alles anders.

Gesundheit und Krankheit können nahe beisammen sein. Auch Gesunde und Kranke sind nahe beieinander, sie sind Nachbarn, sie leben in nächster Nähe beieinander. Nur: Wer ist gesund? Und wer ist krank? Dazu gibt es verschiedene Definitionen.

Die simpelste Definition sagt: Gesundheit - ist Abwesenheit von Krankheit - und Krankheit - ist eben Abwesenheit von Gesundheit. Ob das hilft?

Ein Arzt definierte ***Krankheit*** und sagte: „Krankheit ist die problematische Verkörperung eines Musters. Der Patient wird dadurch gezwungen, dieses Muster, - das ihm widerstrebt und das er bewusst nicht akzeptiert, - zu (er)leben.“ D.h. Kranke sind Patienten, Leidende, die *gezwungen* werden, etwas zu erleben und zu ertragen, das ihnen widerstrebt. Er bezeichnete Krankheit als „Sprache der Seele“.

Da wird uns bewusst, dass wir eine *Einheit* sind – wie wir sagen: Eine Einheit von Leib, Seele und Geist. Wir leiden stets mehr oder weniger in allen drei Bereichen. Wir sind eine Einheit und letztlich nicht eine unverbundene Dreiheit.

Da ist unser *Leib*: der leidet z.B. an Rheuma oder Arthritis; oder der Befund heisst: CA - Krebs. Aber die Krankheit betrifft nicht nur den Leib, nicht nur die schmerzenden Glieder oder Organe. - Auch die *Seele*, das psychische Erleben ist mit betroffen: die Seele – psyche – und der Leib – sooma – und sind untrennbar verbunden. Wir nennen - der griechischen Bezeichnung folgend - mit Recht vieles psycho-somatisch.

Und unser *Geist?* Der Geist, unser Denken und Fragen, kann belastet sein durch schwere Gedanken, vielleicht sogar durch die Frage: *Warum* bin gerade *ich* krank geworden? Oder: Womit habe *ich* das verdient? Oder: hat das alles noch einen Sinn? Und wir denken an den psycho-somatisch leidenden Hiob und an die vielen „Hiob“, die es inzwischen gibt. - Auch bei uns kann Krankheit - zusätzlich zu den Schmerzen - begleitet sein von bedrängenden Fragen und Sorgen und von

Anfechtungen, sehr oft vom „Warum“? Warum das? Warum jetzt? Warum ich? Die „Warum“-Fragen zählen zu den quälendsten.

***Verschiedene Krankheiten*** sind mit unterschiedlichem Erleben verbunden. Eine Grippe ist heute meistens unangenehm, aber oft nicht sehr tragisch. Anders ist es, wenn der Arzt von einer Geschwulst, einem Knoten spricht. Da heisst es z.B. Vererbung - oder eben: CA „Krebs“.

Als der Spezialist bei mir von „Krebs“ sagte, ging ich heim, um die letzten Dinge des Lebens vorzubereiten. Ein Todesurteil? Aber dann war es – welche Gnade! – doch nichts Bösartiges. - Andere haben diese Diagnose „Krebs“ bekommen. Sie haben die Krankheit am eigenen Leib und Leben schmerzhaft erfahren.

Wir können andere Krankheiten aufzählen – bis hin zu Alzheimer und Demenz oder zu vorgeburtlicher Schädigung. Ich denke an das Gespräch mit einem Juristen. Bei seiner Geburt hiess es: Contergan-Schädigung. An der Achsel hat er ein paar ungestalte Finger. Aber er lebt. Und er arbeitet in seinem Beruf und er hat eine zierliche Frau, die ihm hilft. - Hinzu kommt oft noch die andere Frage:

## *Ist die Krankheit eine Strafe?*

Ist Krankheit eine Strafe für irgend ein Vergehen? - Ein Satiriker meinte: „Der Fromme lebt gesünder. Doch schöner lebt der Sünder“ (Kurt v. Vigier). Das ist ein „schöner“ Irrtum. - Können Krankheiten auch eine *Folge* von Sünde sein? Wenn Sünde als „Trennung von Gott“ definiert wird, dann kann das Verhalten in dieser Trennung schon auch zu Krankheit führen. Aber: Krankheit muss nicht Strafe für persönliche Sünde und Schuld sein.

Jesu Jünger gingen bei einem *Blind-Geborenen* – entsprechend damaliger Denkweise – davon aus, dass die Ursache „Sünde“ sei. Sie fragten Jesus: „Wer hat gesündigt? Dieser oder seine Eltern? dass er blind geboren worden ist?“ Und Jesus antwortete: „Weder dieser hat gesündigt noch seine Eltern, sondern: die Werke Gottes sollen an ihm offenbar werden“ (Johannes 9,3f). – Als Ursache für dieses Blindsein schloss Jesus sowohl persönliche Sünde wie auch die Sünde der Vorfahren aus. Nicht wenige suchen die Sünden bei den Vorfahren, unter anderem deshalb, weil sie selber keine Verantwortung übernehmen wollen. An diesem Blindgeborenen sollten „die Werke Gottes“ sichtbar werden. Ein Wunder.

Gewiss: Viele Krankheiten sind *Folgen* von bekannten oder nicht bekannten Vorgaben. Ich denke an einen Radioprediger vom Schweizer Radio. Er rief mich an und bat mich, ihn abzulösen. Er habe Lungenkrebs und könne den Dienst nicht mehr weiter tun. Ich kannte ihn als Extrem-Raucher. Dann fügte er hinzu: „Ich weiss: Es ist nicht Strafe; es nur eine Folge vom...“ - ja, vom Rauchen. Krankheiten sind offensichtlich sehr oft „Folge“ von etwas; nur wissen wir nicht immer wovon; oder wir möchten es lieber nicht wissen, da wir sonst etwas ändern müssten!

Wer aber krank ist – wie ein Hiob oder wie der Gelähmte vor dem Tempel – kann geplagt werden vom *Zweifel* an Gottes Gerechtigkeit und Liebe, oder vom Zweifel an Gott selber. Da fehlt oft nicht mehr viel bis zur *Resignation*: Ich habe ja niemanden, der mir hilft! „Ich habe keinen Menschen", sagte der Gelähmte am Teich Bethesda. Das sagte er nach der langen Zeit von 38 Jahren Krankheit (Johannes 5,7).

Es gibt *zwei Wege*: den monologischen und den dialogischen: entweder kreisen wir in Gedanken und mit unserm Monolog um uns selbst, oder wir werden bereit für den Dialog, für das miteinander und - im Gebet - mit Gott.

## *Und die Umgebung?*

Bei Kranken hat ja auch *die Umgebung* Anteil. Der „von Mutterleib an" Gelähmte in Apg. 3 ist seit 40 Jahren (4,22) eine Last für seine Nächsten. Da konnten ihn und die andern die Fragen quälen: Wie lang muss ich noch leiden? Wie lang muss ich noch auf die Hilfe anderer angewiesen sein? Wie lang noch gelähmt hierher gebracht werden? Lebenslänglich? „Von Beruf: krank..."– Ein schweres Los! - Und die Angehörigen fragen sich: Wie lange muss er wohl noch hierher „getragen" werden? Getragen werden und ertragen werden?

Neben der Frage nach Gott steht ja immer auch die Frage nach den Mitmenschen. – Der Gelähmte vor dem Tempel hatte immerhin Leute, von denen er „herbeigetragen" wurde. Andere gleiten in ihrem Alleinsein von der Resignation in die *Depression.* Da heisst es schnell: „Für mich gibt es keine Hilfe mehr und für mich ist auch niemand da." Das ist der oft unausgesprochene Seufzer. – Wirklich? Oder sehen wir sie nicht - die andern? Und bitten wir nicht?

Manchmal ist die Umgebung *mit verursachend.* Wir leben in einer vergifteten Welt; da ist oft auch das zwischenmenschliche Klima vergiftet durch Streit und Stress, durch Lieblosigkeit und Mobbing, ja, durch Hass. Kranke wurden schon als „Märtyrer der Umwelt" bezeichnet (Margret Wanner, Worte S. 72). Umgekehrt haben die noch „Gesunden" auch Anteil am Kranksein der Kranken. Wir kennen das Mit-Leiden - und auch das Mit-Erkranken.

## *Gesundheit und Wellness*

Gerhard Uhlenbruck sagte: „Gesundheit ist die Summe aller Krankheiten, die man nicht hat." Wissen wir jetzt mehr? Peter Baum meint: „Die Gesundheit des Menschen zu definieren, geht über die Möglichkeiten der wissenschaftlichen Medizin hinaus." Punkt. - Die allgemeine Antwort ist eine *Wertung*:

„s'Wichtigscht isch doch Gsundheit!" Gesundheit - das Wichtigste? Immerhin. Die Frage: Was uns das Wichtigste ist - oder welche Beziehung mir die Wichtigste ist, das ist eine Frage, die nicht unbeantwortet bleiben darf. - Ist Gesundheit: sich wohl und zufrieden fühlen?

Als 1654 der Begriff „Wellness" auftauchte, bedeutete er: „von guter Gesundheit" sein. Georg Christoph Lichtenberg prägte den weisen Satz: „Das Gefühl für Gesundheit erwirbt man sich nur durch Krankheit" (M. Wanner, Worte S. 49). D.h.: Wer nie krank war, kann die Gesundheit gar nicht richtig schätzen. Aber wer gesund wurde, kann sagen, was ihm nun beides ganz persönlich bedeutet. – Mir fiel das englische Wort „wholeness" ein, d.h.: Ganz sein. - Damit kommen wir zur Frage:

## *Was haben Kranke zu erwarten?*

Der Bericht in Apg. 3 fasst die Erwartung dieses Kranken ganz knapp zusammen: *„ein Almosen"*: „Als er Petrus und Johannes sah, wie sie in den Tempel hineingehen wollten, bat er sie um ein Almosen" (V. 2f). Ein Almosen? Was ist das? Das neue Duden Lexikon sagt: „Gabe, kl. Spende für Bedürftige; abwertend: dürftiges Entgelt."

Das griechische „eleämosünä" hat mit *Erbarmen* zu tun und kann auch mit „Wohltat" übersetzt werden. Was erwartet nun dieser Kranke? Vordergründig: eine kleine Spende, eine Gabe? Eine Krankenkasse oder Invalidenversicherung hatte er ja nicht. „„... en Batze" - einen Euro? Zu viel soll man ja nie erwarten. Oder erwartete er – zutiefst im Herzen – doch nicht nur irgend eine Gabe - sondern eine *„Wohltat"*?

Erwarten Kranke ein „Placebo", ein Scheinmedikament? Ein scheinheiliges Geschenk? Etwas, das nicht hilft? Ein Traktat, das sie traktieren soll? Oder ein paar Ratschläge - Schläge in Raten? Hoffentlich kein k.o. - Oder erwarten sie eine ganz persönliche Wohltat?

Oft gehen wir *als Kranken-Besucher* von unsern eigenen Vorstellungen aus. Wäre es nicht besser, Kranke zu fragen, was sie brauchen und wünschen? Natürlich gibt es auch Überraschungen: Im Spital fragte ich Vreni, eine Bauerntochter, nach ihrem Wunsch. Und? Ihre Antwort war: „1/2 Pfund Aufschnitt." Ich brachte es ihr. Das schloss ja das Gebet für und mit Vreni nicht aus.

## *Warten auf Gesundheit?*

Jesus fragte den Kranken, der seit 38 Jahren beim Teich Bethesda lag: „Willst du gesund werden?" Joh. 5,6. Erstaunlicherweise sagte dieser nicht: „Ja!" Er beklagte seine Situation, denn er hatte ja gewisse Vorstellungen, wer oder was ihm helfen könnte. Aber Jesus sah für ihnen einen andern Weg: Er heilte ihn – anders als erwartet.

Schon oft wurde gefragt: Hat Jesus in jener Zeit *alle Kranken* geheilt? Antwort: Nein. Lukas erwähnte es schon: „Sie wollten... von ihren Krankheiten geheilt werden; doch er zog sich an einen einsamen Ort zurück" (Lukas 5,15f). Und beim Teich Bethesda waren „fünf Hallen, in diesen lag eine Menge von Kranken, Blinden, Lahmen und an Abzehrung Leidenden" (Johannes 5,2f). Warum wurde nur einer geheilt?

Johannes gibt uns die Antwort mit dem Wort „*Zeichen*." Allein im Johannes-Evangelium wird dieses Wort „Zeichen" mehr als ein Dutzend Mal genannt. In Joh. 6,48 z.B. als „sämeia kai terata" - als „Zeichen und Wunder". Diese *Ausnahmen*, diese Zeichen und Wunder weisen bei Jesus über das jetzige Zeitalter hinaus. Sie weisen hin auf das kommende Reich Gottes. Viele möchten jetzt schon Wunder um Wunder – aber ohne Reich Gottes...

Im Rahmen der „Menschenrechte" und „Milleniumsziele" wurde das „*Recht auf Gesundheit*" postuliert. Ist das in unserer Welt nicht „utopisch"? Ist denn unsere Welt eine schmerzfreie Welt?

## *Antworten und offene Fragen*

In einem Gottesdienst sagte N.J. von einem Kind der Gemeinde: „Mir wüssed nid, warum si so en Rugge hät" - „Wir wissen nicht, warum sie einen solchen - kranken - Rücken hat". Wir wissen es nicht.

Anders war es bei Frau Z. Sie hat keine Hände, keine Unterarme und keine Beine. So wurde sie geboren. Sie selber erklärt als 55-Jährige: „Bei mir hat in den ersten Wochen der Schwangerschaft die Zellteilung anders funktioniert. Also bin ich eine Laune der Natur und weder Gotteswille noch Teufelswerk." Es wurde ihr berichtet: „Der Pfarrer weigerte sich, mich zu taufen." Aber der Grossvater meinte: „Man kann diese Kind jedenfalls umhertragen und lieb haben." Lieben heisst die grosse Möglichkeit.

Die Aussage über die „Natur" steht mit Recht in logischem Gegensatz zu unchristlichen Behauptungen, wo durch eine falsch verstandene Prädestinationslehre alles als Gottes Bestimmung gelehrt wird (vergl. Leben mit einer Vision, bes. S. 22ff).

Es ist verständlich, dass wohl die meisten Kranken in irgendeiner Form Heilung erwarten. Je nach dem, wohin und an wen sich Kranke mit ihrer Erwartung wenden, wird die Hilfeleistung verschieden sein.

## *Verschiedene Angebote*

- Die *Römer* sagten: „Medicus curat – natura sanat" – „Der Mediziner kuriert – die Natur heilt." Die Natur hat wieder vermehrt Konjunktur. Sie wurde erneut für viele zur Natur-Religion.

- *Mark Twain* warnte: „Vorsicht beim Lesen von Gesundheitsbüchern: Du könntest an einem Druckfehler sterben."

- Andere beten mit *Jeremia* 17,14: „O Herr, heile du mich, so werde ich *heil*; hilf mir, so ist mir geholfen; denn du bist meine Hoffnung." Die Erwartung heisst bei diesem Gebet nicht: „... so werde ich gesund." Viel umfassender – für Leib, Seele und Geist - ist die Gewissheit: „So werde ich heil!" - Kranke, die „heil" werden möchten, haben die grösste Chance. Sie finden zum Sinn, zur Gemeinschaft mit Gott. Theologisch heisst das: „*Deus sanat* – Gott! heilt"

Aus ärztlicher Sicht und aus christlich-biblischer Sicht kann je nach Situation *Verschiedenes* geschehen: Heilung oder nur Veränderungen; teilweise Besserung - oder ein Fortschreiten der Krankheit, als Krankheit, die zum Tod führt. Der Tod gehört zu dem, was auf dieser Welt ganz gewiss ist. Er erwartet Gesunde und Kranke.

Der Gelähmte in Apg. 3 hatte eine Erwartung an Petrus und Johannes: Er bat um ein Almosen, eine Gabe, eine Wohltat. Er bat nicht um Heilung. Und doch wurde sie ihm zuteil – auf das Wort hin von Petrus und Johannes. - Damit kommen wir zur einer der wichtigsten Fragen:

## *Was können Gesunde geben?*

Was können die geben, die das Wohl der Mitmenschen suchen? Haben denn *die Gesunden* den Kranken etwas zu geben? Sind dafür nicht speziell die *Ärzte* da? Sicher; ihr Beruf steht im Dienst an den Kranken. Allerdings wird von ihnen unterschiedlich gesprochen.

- Der Zyniker *Voltaire* sagte: „Ärzte schütten Medikamente - von denen sie wenig wissen / zur Heilung von Krankheiten – von denen sie noch weniger wissen / in den Menschen hinein – von dem sie gar nichts wissen" (Ilse Gutjahr, Grüsse an deine Seele). Es ist eine berechtigte Frage: *Was weiss* ein Arzt vom Patienten oder von der Patientin – als Person?

- Ganz anders tönt es über die Ärzte im Buch *Jesus Sirach* (Kp. 38). Da heisst es: „Ehre den Arzt..., damit du ihn hast zur Zeit der Not, denn der Herr hat ihn geschaffen, und die Arznei kommt von dem Höchsten." Verstanden? - John Wesley, der Mitbegründer der methodistischen Bewegung, war zwar nicht Arzt sondern Pfarrer, aber er versuchte den Kranken seiner Zeit auch mit Medikamenten und Therapien zu helfen.

- „Ich bin *der Herr, dein Arzt*" sagte Gott bereits im alten Bund (Exodus/2. Mose 15,26). Und Jesus reihte sich ein in die Gruppe der Helfenden, denn er wusste: „Die Kranken bedürfen des Arztes" (Lukas 5,31). Er wurde ihr Arzt; er brachte Hilfe, Heilung und Heil. Mit Recht wies Philippus den Äthiopier auf Jesus hin mit den Worten aus Jesaja 53: „Er trug unsere Krankheit und lud auf sich unsere Schmerzen."

## *Mitmensch sein*

Was tun nun die beiden erwähnten Nachfolger Jesu? Petrus und Johannes waren ja Beauftragte Jesu. Sie zählten zu den 12 Aposteln. Sie bekamen von Jesus „Macht und Gewalt über alle Dämonen und zur Heilung von Krankheiten; er sandte sie aus, das Reich Gottes zu predigen und zu heilen" (aus Lukas 9,1-10).

Und nun sind Petrus und Johannes nachmittags um drei Uhr auf dem Weg zum Tempel – zur Gebetszeit. Was haben sie einem gelähmten Bettler zu geben? Einem, der sie kaum anschaut? Als Erstes heisst es: „Petrus aber *blickte* ihn an – mit Johannes – und sprach: Sieh uns an!" Das Erste, das sie ihm geben, ist Zeit - und das Zweite: eine ganz persönliche Begegnung Auge in Auge. Beauftragte haben von Petrus und Johanes gelernt: Zeit schenken – und damit: eine ganz persönliche Begegnung ermöglichen.

Es geht nicht darum, einen „*Fall*" oder eine bestimmte „Krankheit" zu behandeln! Es geht in erster Linie um diese „*Person*", sagte der Arzt Paul Tournier. Diese Person braucht Hilfe. Und diese Person merkt es, wenn sie als Person ernst genommen wird; merkt, ob es eine „heilsame Begegnung" ist oder war - oder nicht.

Der Gelähmte „heftete den Blick auf sie in der Erwartung (!), etwas von ihnen zu *empfangen*" V. 5. Doch, was konnten sie geben? Jesus hatte zu ihnen gesagt: „Nehmt nichts mit auf den Weg, weder Stab noch Tasche noch Brot - noch Geld..." (Luk. 9,1-3). Da stehen die beiden vor dem Gelähmten, dem Kranken, dem Bettler; offensichtlich ohne Stab und Tasche, ohne Brot und ohne Geld. Gerade so haben sie das Wichtigste zu geben.

## *Almosen oder Wohltat?*

„*Almosen*" hatten sie nicht! Was sie schenkten war eine echte „*Wohltat*". Das ist der grosse Unterschied. „Da sprach Petrus: Silber und Gold besitze ich nicht; was ich aber habe, das gebe ich dir: Im Namen Jesu Christi von Nazareth: geh umher."

Lauf! „Und er ergriff ihn bei der rechten Hand und richtete ihn auf" (V. 7). Der Anblick, ein Wort und die ihn ergreifende Hand.

Der Beauftragte gibt, *was er hat*; mehr kann er nicht. Petrus konnte nicht Heilung verteilen! Aber er gebietet - im Namen Jesu - dem Gelähmten aufzustehen und zu gehen. Dieses Gebieten ist offensichtlich nicht allen gegeben.

Es gibt Leute, die *meinen, es könne jeder und jede* einfach so den Namen Jesu nennen und gebieten, und Kranke seien geheilt. Einige versuchen es, ohne den Auftrag von Jesus zu haben. Einige tun so, als könnten sie das; und wie sind die Ergebnisse? Ich denke an einen jungen Lehrer, Vater von drei kleinen Kindern. Mit sogenannt prophetischer Rede wurde ihm gesagt, er sei geheilt! Als er zu mir kam, wollte ich mit ihm über sein nahes Sterben reden. Aber er wähnte sich geheilt - und starb kurz darauf an seiner fortgeschrittenen Krebserkrankung. – Falsche Propheten wirken verheerend.

## *Die Hand, eine Berührung*

Petrus reichte dem Gelähmten die Hand und richtet ihn auf! Was kann durch eine gütige Hand und durch das richtige Wort nicht alles geschehen! Auch durch deine Hand und durch dein Wort. „Reden kann die Chemie verändern", las ich in der Zeitung. Schweigen auch; positiv oder negativ! Und auch eine Hand kann vieles verändern.

Meine Frau Margrit brachte mir zum Thema Krankheit und Heilung eine Broschüre mit der Aufschrift „Die Berührung, die verändert" (S. 26): „Jedes Mal, wenn in der Schrift - in der Bibel - ein Segen gegeben wurde, bildete die bedeutsame Berührung einen liebevollen Hintergrund für die Worte." Da ist die Rede von der Hand, auch vom Handauflegen und sogar von der Umarmung, bei der die berührenden Hände den andern umfassen. Da konnte meine 100-jährige und schwerhörige Tante, Schwester Emmy, bei ihrem 101. Geburtstag nicht genug unsere Hände und Nähe spüren.

Für Gebeugte, für Gefallene, für physisch oder psychisch Gelähmte, für auf dem Krankenlager Liegende bedeutet eine gütige Hand, Liebe zu spüren und „aufgerichtet" zu werden! Mit Liebe umgeben zu werden! – „Theoretische Argumente trösten nicht" und heilen nicht, las ich in der Reformierten Presse.

## *Zwei besondere Wege*

Die Apostel und die frühen Gemeinden kannten - neben dem üblichen Kurieren - zwei besondere Wege: Einerseits heisst es bei der Aufzählung der *Gnadengaben*: „Dem einen wird durch den Geist Weisheitsrede gegeben..., einem andern Gnadengaben zu Heilungen in dem *einen* Geist" – im Geist Jesu Christi, im Geist der Liebe (1.Kor.12,8f ). Es wurde bereits darauf hingewiesen: Diese Gaben hat offensichtlich nicht jeder. Immer aber ist es „Gott, der alles in allem wirkt" (V. 6).

Der andere Weg ist der *des Gebets und der Fürbitte*. In Jakobus 5,13ff lesen wir: „Leidet jemand unter euch Ungemach, der bete. Ist jemand guten Muts, der singe Psalmen. Ist jemand unter euch krank, so lasse er die Ältesten der Gemeinde zu sich rufen, und sie sollen über ihm beten und ihn im Namen des Herrn mit Öl salben. Und das Gebet des Glaubens wird den Kranken retten, und der Herr wird ihn aufstehen lassen, und wenn er Sünden getan hat, wird ihm vergeben werden. So bekennt einander die Sünden und betet für einander, damit ihr gesund werdet..." Auch dieser Weg ist ein Weg der Liebe. Die Heilung ist Gottes Geschenk, denn: „... der Herr wird ihn aufstehen lassen." – Hat nun das *Gebet „geheilt*" oder hat *Gott geheilt*? Die Antwort ist klar: „der Herr."

Jesus hat verschiedenen Nachfolgern *verschiedene* Dienste aufgetragen – auch für Kranke, damit sie 1. Vergebung finden, 2. gerettet werden, und 3. „gesund" werden; gesund werden, vor allem „heil" werden durch Liebe. Paulus sagt: „Wenn ich allen Glauben habe, so dass ich Berge versetze, habe aber die Liebe nicht, so bin ich nichts" (1.Korinther 13,2). Ohne Liebe: ist alles nichts!

Petrus und Johannes handelten offensichtlich in dieser Liebe. Sie hatten es von Jesus gelernt. Sie waren von ihm beauftragt und von seinem Geist geleitet. Könnten sie nun *alle* Kranken – an Jesu Statt - heilen? Nein, das taten sie auch nicht! Der Bericht macht deutlich, dass nicht sie die grossen Heiler waren. Sie hatten nur hellhörig zu sein für das, was Jesus ihnen sagt. Und was er ihnen sagt, das hatten sie zu tun. Darum heisst es: *„Im Namen Jesu ..."*, d.h. Petrus und Johannes waren an diesem Ort und in diesem Augenblick die Boten, durch die Jesu Wort und Tat dem Kranken zuteil wurden – als Zeichen, „im Namen Jesu."

Damit ist klar: Jesus ist der Handelnde, Jesus ist der Schenkende, Jesus ist der Heilende. Wir – als seine Beauftragten – haben auf seine Stimme zu hören und das zu tun, was er uns heisst. Denn: Auch wir sind nicht die grossen Täter und Heiler, auch wenn wir gerne vielen die Lasten abnehmen möchten, um sie in einem grossen Sack zu entsorgen! Auch wenn wir gerne viele Wunder erleben oder tun möchten, es ist Gottes Wirken.

## *Wunder?*

Was ist denn nun ein Wunder? Viele bezeichnen das *Ausserordentliche* als Wunder, das Nicht-Alltägliche, das, was die allgemeinen Gesetze und Erfahrungen anscheinend durchbricht. – Im Alten und im Neuen Testament wird *da* von Wundern gesagt *wo Gott wirkt:* Die Wunder in der Schöpfung, die Wunder in seinem Wort und die Wunder durch sein Wort – auch an uns und durch uns, wo wir „an Christi Statt" beauftragt sind (2. Korinther 5,20).

Am Sterbebett eines Todkranken meinte ein Mitarbeiter der Gemeinde: ‚Jetzt ist es an der Zeit, dass auch bei uns ein Wunder geschieht!' Er meinte, wenn wir tüchtig beten, werde der Todkranke gesund. Ein Wunder? – Das „Wunder" war schon geschehen; nur anders: Der Todkranke war im Spital zum Glauben an Jesus Christus gekommen und konnte nun im Frieden heimgehen.

Was war das Wunder bei Jesus? Jesus ist den Kranken mit „Erbarmen" - mit grosser Barmherzigkeit und Liebe begegnet und mit Vergebung. Vielen hat er die Vergebung zugesprochen und dann auch die Heilung zuteil werden lassen - oft auch mit einer Berührung. Er sagte es klar: Wunder geschehen „durch den Finger Gottes" (Lukas 11,20), d.h. Gott ist der Heilende.

Der Arzt und Begründer der ärztlichen Ethik, Paracelsus (1493-1541), betete: „Du hast *uns* die Liebe als Arznei gegeben, o Gott, ... um den Kranken zu heilen. So wie deine Liebe kein Ende hat, soll auch unser Forschen und Dienen kein Ende haben." (Die schönsten Gebete, S. 248).

Heute möchten viele durch vielerlei Kräfte oder Energien zu Heilungen führen. Das ist sicher bei vielen gut gemeint: „Health and Wealth" – Gesundheit und Reichtum propagieren geschäftstüchtige Gruppen. Andere reisen nach Lourdes. Oder es wurde nach Gwatt am Thunersee eingeladen zum „Workshop: Heilung / Wiederherstellung an Leib, Seele und Geist". Auch werden Ferienwochen mit sog. Heilungspredigern empfohlen. Oder Graziella – rief in Nottwil mit ihrer Trommel den Heilungskräften. Und Walter Wiedmer im Emmental legte seine Hände auf kranke Stellen oder an den Hals, und Besucher sagten, es gehe ihnen dann besser (SF1). Andere spezialisieren sich auf sog. Fernheilung. Dabei wird auch von Wundern gesprochen - aber auch von Enttäuschten. Der Bericht über einen jungen, querschnittgelähmten Mann steht unter dem Titel: „Wenn Heilungsveranstaltungen lähmen", und der Text sagt: „Immer wieder muss er im Rollstuhl aus den Veranstaltungen herausgerollt werden" (idea). Nach der sog. Heilungsveranstaltung - wieder im Rollstuhl.

Ob Paulus auch enttäuscht war, als - nach seiner Bitte um Heilung - sein Leiden blieb? Wo war da das Wunder? Paulus wusste: Nicht jedes Leiden wird weggenommen. Nicht alle Kranken werden geheilt. Und doch erlebte Paulus ein Wunder, das Wunder der Zusage: „Meine Gnade genügt dir!" So spricht der Herr: „Lass dir an meiner Gnade genügen, denn meine Kraft ist in den Schwachen mächtig" (2. Korinther 12,9). Paulus wusste mit Hiob (aus Hiob 19,25-27) und mit Georg Friedrich Händel im „Messias": „Ich weiss, dass mein Erlöser lebt!" Und: „Ich werde Gott schauen; ja, ich werde ihn schauen mir zum Heil!"

Apostelgeschichte 3 sagt uns: *Das Wichtigste ist nicht die Gesundheit*; *das Wichtigste ist das Heilwerden* in der Verbundenheit mit Jesus Christus - heil werden zu einem Leben mit ihm und damit zum ewigen Leben. Vom „Gelähmten" heisst es: „Petrus... richtete ihn auf. Sofort aber wurden seine Füsse und seine

Knöchel fest, und er stand auf, stellte sich hin und ging umher und er trat mit ihnen in den Tempel ein, indem er umherging und sprang und Gott pries..." (aus Apg. 3,6-8).

## *Was ist der Sinn des Lebens?*

Was ist der Sinn der Krankheit und der Gesundheit und des Lebens ganz grundsätzlich? Geheilt werden oder krank sein bedeutet: Mit und für Jesus Christus zu leben in seiner Liebe. - Annemarie Stadelmann sagte in ihrer Situation: „...durch Gottes Zusage werde ich heil, auch wenn ich krank bin, krank bleibe und dem Tod entgegensehe" (Rundbrief Frauendienst).

Es ist gut, mit Justus Delbrück zu beten: „In den Tiefen, die kein Trost erreicht, lass doch deine Treue mich erreichen. - In den Nächten, wo der Glaube weicht, lass nicht deine Gnade von mir weichen. - Auf dem Weg, den keiner mit mir geht, wenn zum Beten die Gedanken schwinden, wenn mich kalt die Finsternis umweht, wollest du in meiner Not mich finden" (Losungen).

Ich halte es mit Paulus: „Leben wir, so leben wir dem Herrn; sterben wir, so sterben wir dem Herrn. Wir leben nun oder wir sterben, so sind wir des Herrn" (Römer 14,8). Das ist Leben, auch Leben über den Tod hinaus durch die Auferweckung zum vollen Heil und ewigen Leben. Das bedeutet heute schon Heil und Leben.

Theophil Tobler, Turbenthal

*Der Regenbogen.* - Du siehst ihn nicht in der Nacht des Leidens. Erst wenn der Himmel sich aufhellt und der neue Morgen anbricht, wenn Licht und Schatten sich begegnen, das Licht sich bricht in den Tropfen der Tränen. Dann siehst du ihn, wie er sich über den Himmel wölbt mit seinen leuchtenden Farben.

Gelb sagt dir: Es soll kein Tag vergehen, an dem nicht Gottes Licht in dein Leben leuchtet. Rot sagt dir: Gott liebt dich so, als wärest du seine einzige Sorge. Lila sagt dir: Auch im grössten Leid ist Gott bei dir. Blau sagt dir: Keine Nacht ist zu dunkel, als dass Gott dich nicht fände. Grün sagt dir: Hoffe auf ihn alle Zeit. Im Leben lässt sich nicht alles begreifen. Überlass es deinem Gott. Eines Tages wirst du sehen – und nichts mehr fragen. *Margrit Tobler-Müller*

*Gebetsworte von Blaise Pascal*: „Gib doch, o Herr, dass ich... krank, wie ich bin, dich in meinem Leiden rühme" (Theophil Spoerri, Pascal heute, S. 83). - „Lass mich künftig Leben und Gesundheit nur darum wünschen, dass ich's gebrauche und beschliesse für dich, mit dir und in dir. Ich bitte dich weder um Gesundheit, noch Krankheit, noch Leben, noch Tod; beschliesse du über meine Gesundheit und über meine Krankheit, über mein Leben und über meinen Tod, nach deiner Ehre, zu meinem Heil, und zum Nutzen der Kirche und deiner Heiligen... Gib oder nimm, mache meinen Willen dem deinen ähnlich... Du allein weisst, was mir heilsam ist“ (Die schönsten Gebete, S. 249).

Zweiter Teil

# Beten

Beten - aber wie? Das ist die oft gestellte Frage. Dabei möchten viele um Heil und Heilung beten.

„Lehre uns beten!“ Das ist die grundsätzliche Bitte. Denn: Anleitung zum Beten ist eine wichtige Voraussetzung für richtiges Beten. Und richtiges Beten ist eine klare Voraussetzung für die Erhörung der Gebete.

Ein Freund von Jesus kam mit der Bitte um Belehrung. Er suchte an kompetenter Stelle Rat. Er bat Jesus: „Herr, lehre uns beten“. Und Jesus lehrte ihn und seine Freunde beten. Und er gab ihnen das inzwischen weltweit bekannten Gebet, das mit den Worten beginnt: „Unser Vater“ (Lukas 11,1ff; Matthäus 6,9-13ff).

Die folgenden Stichworte weisen auf verschiedene Fragen und Aspekte, die im Zusammenhang mit dem Beten stehen.

## *1. Gebet und Liebe*

Gebet und Liebe zu Gott gehören zusammen. Aus der Liebe zu Gott wächst die umfassende Anrede „Abba“ - Vater! Gebet und Liebe sind Antwort auf Gottes Liebe und auf sein Wort. „Wir lieben, weil er uns zuerst geliebt hat“ schreibt Johannes im ersten Brief (4,19). Und wir beten, weil er uns zuerst angesprochen hat - aus lauter Liebe. Gebet und Liebe sind nicht zu trennen.

„Beten heisst: Von Herzen mit Gott reden.“ Das hat mich der Katechismus gelehrt. Rechtes Beten ist nie Pflicht, sondern Wunsch. Das Gebet ist nie ein spezielles Werk, sondern ein Geschenk. Gebet ist eine Folge des Verlangens nach Gemeinschaft mit Gott, und auch dieses Verlangen wächst aus der Liebe. Deshalb sind mit der Bitte auch der Dank und die Anbetung verbunden.

Auch - und gerade - in Krisenzeiten, in Zeiten der Anfechtung bleibt das Gebet Ausdruck des Vertrauens, denn es gibt keine Liebe ohne Vertrauen. Und Vertrauen führt zur Gemeinschaft. Gemeinschaft aber bedeutet Zusammengehörigkeit. Das Gebet ist ein Zeichen dafür, wie Betende und Gott zusammengehören.

Eines meiner kurzen Gebete sagt:

Ich lege, Herr, in deine Hände, was mir mein Herz beschwert.
Nun leite du zum guten Ende. Das ist mein Bittgebet.

Hab herzlich Dank, ich darf vertrauen, gewisser Hoffnung sein,
darf deine grosse Liebe schauen, mich freuen. Ich bin dein.

Das Gebet ist nicht nur ein Mitteilen, es leitet auch zum Teilen.

## *2. Fürbitte*

Die Liebe ist immer auf das Wohl der andern ausgerichtet und damit auf das Teilen des Guten. „Gott ist Liebe" und mit Liebe suchen wir für andere das Beste. In der Fürbitte geht es nicht darum, über andere zu reden, sondern sich für andere einzusetzen. In der Fürbitte teilen wir Lasten und Freuden. Das Grösste, zu dem wir berufen sind, ist lieben.

Jesus sagte zu Simon Petrus: „Ich habe für dich gebeten" (Lukas 22,32). In der Fürbitte geht es um die andere Person - nicht um mich. Es sind nicht meine Gebete, die Wunder bewirken, auch nicht die langen. Gott ist es, der Gebete erhört. Wir nennen Gott die Bitte und er erhört und wirkt durch den heiligen Geist. Er handelt. Es ist nicht unsere Aufgabe, Gott Vorschriften zu machen. Es ist unser Vorrecht, bitten zu dürfen.

Ein Dreieck kann die Fürbitte Veranschaulichen: Da sehen wir z.B. unten links die betende Person oder Gruppe und oben in der Mitte wissen wir Gott und unten rechts ist die Person oder Sache, für die wir bitten. Das heisst: Wir wenden uns in der Fürbitte an Gott; Gott wirkt und handelt. Von unserer Seite geschieht Zuwendung zum Wohl derer für die wir beten. Wir nehmen teil an den Fragen, Sorgen und Lasten anderer. Die Fürbitte ist immer eine Bitte an Gott, dass er denen begegne, für die wir bitten, dass er sie mehr und mehr dem Vorbild ähnlich mache, das er uns in Jesus gegeben hat.

Jesu Fürbitte ist in den kurzen Satz zusammengefasst: „... dass dein Glaube nicht aufhöre" (Lukas 22,32). Damit wird die Fürbitte zur Bitte um Glauben, um Vertrauen, um Gottvertrauen - ohne Ende und in jeder Situation. Im Gebet für andere geht es nicht darum die andern nach meinen Vorstellungen umzuformen. Wenn ich andere liebe und für sie bete schliesst das in sich, dass ich ihnen in jeder mir möglichen Form helfe und beistehe.

Zur Fürbitte gehört auf unserer Seite das Füreinander-Dasein in Liebe. Wir nehmen teil an den Fragen, Sorgen und Lasten anderer Teil. Wenn ich andere liebe und für sie bete schliesst das in sich, dass ich ihnen in jeder mir möglichen Form helfe und beistehe. Zur Fürbitte gehört auf unserer Seite unauflösbar das

Füreinander-dasein. „Ora et labora", d.h. bete und arbeite - sagt uns, dass es unsere Aufgabe ist, das zu tun, was wir tun können.

Interessant ist die Wortwahl in Lukas 22,32. In der Ursprache des Neuen Testamentes - im griechischen Text - ist es ein *einmaliges* Bitten. Einmal - und Gott weiss. Uns bleibt der Glaube, dass Gott erhört. Von den heidnischen Baals-Priestern heisst es: „Sie riefen den Namen Baals an vom Morgen bis zum Mittag, in dem sie flehten ‚Baal, erhöre uns'. Und sie hinkten um den Altar, den sie gemacht hatten... Und als der Mittag vorbei war, gerieten sie ins Rasen. Aber keine Antwort, keine Erhörung" war für sie da (aus 1. Könige 18,26-29).

Unser Kleinglaube und die Versuchung, viele Worte zu machen, verderben das Gebet. Gott erhört - wie es zum Besten dient. Für uns gilt: Liebe bedeutet mitteilen. Liebe erweist sich im Schenken. Diese Liebe findet im Gebet für andere und im helfenden Begleiten eine besondere Form der Zuwendung. Jesu Zusage: „Ich habe für dich gebeten, dass dein Glaube nicht aufhöre", ist das Vorbild für unsere Fürbitte.

## *3. Das Bitt-Gebet*

Mit der Fürbitte ist auch das persönliche Bitt-Gebet verbunden. Was zur Fürbitte gesagt ist, ist auch beim Bittgebet zu beachten.

Schon in den Psalmen des ersten Testaments finden wir die Einladung und die Aufforderung von Gottes Seite: „Rufe mich an am Tag der Not, so will ich dich erretten und du sollst - du wirst - mich preisen" (Ps. 50,15). Als Verheissung ist uns gesagt: „Bittet, so wird euch gegeben werden" (Matthäus, 7,7). Oft wird gefragt: Um was darf ich denn beten und bitten? Das Gebet, das Jesus uns gegeben hat nennt als persönliche Bitten zuerst: „Gib uns heute unser tägliches Brot und vergib uns unsere Schulden - unsere Verfehlungen, wie auch wir vergeben haben..." (Matthäus 6,11-12).

Die von Jesus genannten Bitten haben mit dem Alltag zu tun. Sie erscheinen als punktuell und sind doch umfassend. Martin Luther sagt in seiner Evangelien-Auslegung: „Dass wir's kurz fassen: diese Bitte will miteingeschlossen haben alles, was zu diesem Leben in der Welt gehört..., nicht allein dass unser Leib sein Futter und seine Decke und andere Notdurft habe... Daraus könnte jemand ein langes Gebet machen und mit vielen Worten alle die Stücke herzählen, die dazu gehören..." Aber das ist nicht gemeint. Langen Bitt-Gebeten fehlt oft der Glaube, dass Gott Gebete erhört, dass er sie so erhört, wie es für uns zum Besten ist.

Nicht alle Bitten sind es wert, erhört zu werden. Zu den wichtigen Bitten gehören: Den Willen Gottes zu erkennen und von egoistische Bitten frei zu werden (Philipper 1,9-11). Es ist hilfreich, sich einerseits stets neu daran zu erinnern:

„Euer Vater weiss, was ihr bedürft, ehe ihr ihn bittet“ (Matth. 6,8), und andererseits zu bitten: „Dein Wille geschehe“ (Matth. 6,10).

## *4. In Jesu Namen beten*

Beten in Jesu Namen hat weitreichende Konsequenzen. In Johannes 14,13 sagt Jesus: „Was ihr in meinem Namen erbitten werdet, das werde ich tun, damit der Vater im Sohn verherrlicht wird. Wenn ihr in meinem Namen etwas erbitten werdet, werde ich es tun.“

Wenn Jesus sagt: „In meinem Namen“ bitten, dann bedeutet das für uns, in Übereinstimmung mit Jesus bitten. Einer meiner Lehrer riet uns, immer zu fragen: „Hätte Jesus so gehandelt?“ Das heisst auch: Hätte Jesus so gedacht und so gebetet?

Die Worte „in meinem Namen“, sind nicht dazu gegeben, dass wir sie als Abschluss-Satz egoistischen Bitten anfügen. „In meinem Namen“ ist auch kein magisch wirkendes Passwort, kein Pin, der nach eigenen Vorstellungen anzuwenden wäre, um zur Erfüllung persönlicher Wünsche zu gelangen.

Im Geschäftsleben steht das pp. für ‚per procura’, d.h. für das Recht, den Geschäftsinhaber zu vertreten, es bezeichnet die Handlungsvollmacht. „In Jesu Namen“ bitten, bedeutet in seinem Sinn und Geist beten, mit seiner Gesinnung bitten. Es ist eine lohnende Aufgabe, zu entdecken, welche Bitten für Jesus wichtig waren. Er sagte unter anderem zu seinen Jüngern: „Die Ernte ist gross, aber der Arbeiter sind wenige, bittet daher den Herrn der Ernte, dass er Arbeiter in seine Ernte sende“ (Matth. 9,37-38). Einigen mag es bequemer erscheinen, zu bitten, dass Gott andere sende, um etwas tun, um nicht selber engagiert zu werden. Oder sie bitten, dass Gott es selber tun möchte.

Das Bitten ist verbunden mit dem Ja zu Jesu Auftrag. Gott ist bereit, Gaben und Aufgaben zu geben. Wie eine Wiederholung lesen wir Jesu Wort in Joh. 16,23: „Wenn ihr den Vater um etwas bitten werdet, so wird er es euch um meines Namens willen geben.“ Das ist Erhörung.

## *5. Dankgebete*

Das Dankgebet kann der Bitte vorausgehen, es kann auch mit der Bitte verbunden sein oder ihr folgen. Johannes nennt uns ein Dankgebet von Jesus mit den Worten: „Vater, ich danke dir, dass du mich erhört hast. Ich wusste, dass du mich allezeit erhörst“ (Joh. 11,41-42). Ein grossartiges Gebet. Ein totales Vertrauen. Ein echtes Dankgebet. Mit dem Dank verbunden ist das Vertrauen, dass Gott erhören wird, ja, dass er das Gebet bereits erhört hat, bevor wir die Erfüllung sehen.

Wenn Kinder bitten und nicht danken, ist das weitgehend eine Erziehungsfrage. Wenn das Dankgebet neben den vielen Bitten kaum Raum findet, ist es eine Frage der geistlichen Reife oder anders gesagt, der Unreife im Glauben. Oft nennen die Psalmen den Entschluss: „Ich will dir danken." Aber gut ist es, wenn es nicht beim Entschluss bleibt sondern zur Tat führt. Der Dank heisst z.B.: „Ich danke dir, dass du mich erhört hast" (Ps. 118,21).

Eine grosse Selbst-Akzeptanz spricht aus dem Dankgebet: „Ich danke dir, dass ich so herrlich bereitet bin, so wunderbar" (Ps. 138,14). Danken prägt. Jesus, der Auferstandene, wurde von den Emmaus-Jüngern wieder erkannt, als er das Brot nahm und das Dankgebet darüber sprach (Lukas 24,30-31). In einer egoistischen Gesellschaft fällt Dankbarkeit auf als ein Zeichen einer anderen, einer besseren Gesinnung. Paulus rät: „Diese Gesinnung hegt in euch, die auch in Christus Jesus war" (Philipper 2,5).

Darum: „Sagt allezeit Gott, dem Vater, im Namen unsres Herrn Jesus Christus Dank für alles" (Epheser 5,20). Und fällt es im Moment zu schwer „für" alles zu danken dann bleibt immer noch das Danken „in" allen Situationen. Umfassendes Danken geschieht nicht nur mit Worten, auch hier gehören Wort und Tat zusammen. Im bekannten Dank-Lied singt Martin Rinckart auch gleich wie wir die Dankbarkeit sichtbar und erlebbar machen können: „Nun danket alle Gott - mit Herzen, Mund und Händen." Da wird das Dankgebet begleitet vom dankbaren Tun für Gott und für seine Geschöpfe.

## *6. Anbetung*

Mit Worship und Lobpreis wird die Zeit der Anbetung Gottes bezeichnet. Es ist klar: Die Bezeichnung macht die Sache noch nicht, denn nicht die Bezeichnung sondern die persönliche Haltung entscheidet über wahre Anbetung und echten Lobpreis.

Anbetung ist ein Ausdruck des totalen Vertrauens und der umfassenden Dankbarkeit. Die Gebete der Bibel sind voll von Lob. „Gelobt sei Gott", heisst es im Alten Testament - schon in Genesis/1. Mose 14,20 - und im Neuen Testament. Paulus schreibt: Gelobt, „gepriesen sei Gott, der Vater unsres Herrn Jesus Christus, der Vater des Erbarmens und Gott allen Trostes" (2. Korinther 1,3).

Wie der Dank hat auch die Anbetung mit der Gesinnung und mit der persönlichen Haltung zu tun. Gott kann nur mit Gehorsam echt gelobt werden. Zur Anbetung gehört die Antwort auf Jesu Wort: „Folge mir nach!"

Dietrich Bonhoeffer sagte: „Christsein wird heute nur in zweierlei bestehen: im Beten und im Tun des Gerechten unter den Menschen" (Vom grossen Kontrapunkt). Die Münze hat zwei Seiten, in der Regel für Bild und Zahl. Auch die Anbetung hat zwei Seiten: Die Zuwendung zu Gott und die Zuwendung zum

Mitmenschen. Diese zwei Seiten lassen sich nicht trennen, ohne die Sache als Ganzes zu zerstören. Anbetung gebührt nur Gott aber Liebe - auch dem Nächsten.

## *7. Buss-Gebet*

Diese befremdliche Bezeichnung weist auf einen grundsätzlichen Aspekt des Betens hin. Das sog. Buss-Gebet ist mit dem Bereuen, mit Sinnesänderung und mit Umkehr verbunden. Nach der Abkehr von Gott ist dieser Weg und Prozess unerlässlich. Vom Zolleintreiber in Lukas 18,13 ist eines der kürzesten Gebete festgehalten. Es ist die ergreifende Bitte: „O Gott, sei mir Sünder gnädig." Die Erkenntnis der Schuld ist der Punkt zur Umkehr.

Nachdem David seine Schuld erkannt hatte, betete er: „Sei mir gnädig, o Gott, nach deiner Güte, nach deinem grossen Erbarmen tilge meine Verfehlung. Wasche mich rein von meiner Schuld, reinige mich von meiner Sünde. Denn ich selber kenne mein Vergehen, und meine Sünde steht mir immerdar vor Augen." Viele nach ihm haben seine Bitte übernommen und gebetet: „Schaffe mir, o Gott, ein reines Herz und gib mir einen neuen gewissen Geist. Verwirf mich nicht von deinem Angesicht und nimm deinen heiligen Geist nicht von mir. Gib mir wieder die Wonne deiner Hilfe" (aus Psalm 51).

Dass diese Wende möglich ist, bezeugt Psalm 32 mit den Worten: „Wohl dem, dessen Übertretung vergeben und dessen Sünde bedeckt ist." Von Jesus ist unmissverständlich gesagt, „dass er die gegen uns lautende Urkunde austilgte" (Kolosser 2,14). Am Kreuz trug er, der Unschuldige, die Last unserer Schuld. „Er war durchbohrt um unserer Sünden, zerschlagen um unserer Verschuldungen willen; die Strafe lag auf ihm zu unsrem Heil und durch seine Wunden sind wir genesen" (Jesaja 53,5; siehe auch Apostelgeschichte 8,26ff). Glücklich alle, die mit ihrem Bereuen und Bekennen bei Jesus Christus zum neuen Leben gekommen sind.

## *8. Fasten und Gebet*

Christliches Fasten bedeutet Verzicht, um wichtigeres, grösseres, ewiges zu finden. Jesus hat fasten und beten miteinander verbunden. Beides geschieht in der Verbindung mit Gott. Christliches Fasten ist nicht mit Erpressen zu verwechseln. Christliches Fasten ist kein Versuch, Druck auf Gott auszuüben. Das Fasten ist auch keine besondere Leistung vor Gott, so wenig wie das Beten eine verdienstliche Leistung ist. Die Freude an Gott ist der Betenden Stärke. Dabei ist das grösste Verlangen die Gegenwart und die Kraft des heiligen Geistes. Fasten bedeutet wegzulassen, was Gottes Wirken hindern möchte.

In Matthäus 4,4 sagt Jesus: „Nicht vom Brot allein wird der Mensch leben sondern von jedem Wort Gottes". Fasten in Verbindung mit beten bedeutet, andere

Schwerpunkte zu setzten, z.B. unbelastet sein vom Essen und mehr Zeit haben für die Gemeinschaft mit Gott im Gebet. Fasten und beten wird zu einem besonderen Hören auf Gottes Stimme - auf sein Wort. Jesus fastete in der Wüste bevor er seinen Dienst antrat. Versuchungen bleiben auch dem Fastenden nicht erspart, aber das Gebet führt erneut in die Gemeinschaft mit Gott. Jesus gab die Anweisung, Unglauben und Kleinglauben mit fasten und beten zu überwinden.

Ein fröhliches Fasten kennt, wer in frohem Verzichten alles von Gott erwartet und alles von Gott empfängt, was notwendig ist. Jesus sagte: „Wenn ihr fastet, dann setzt keine Leidensmine auf wie die Heuchler. Sie machen ein saures Gesicht, damit jeder merkt, dass sie fasten" (Matth. 6,16; Die Gute Nachricht).

Fasten wird zu einer fröhlichen Sache, wenn die Gemeinschaft mit Gott das zentrale Anliegen ist. Wie zum Beten grundsätzlich das Teilen gehört so gehört auch zum Fasten das Teilen. Eine logische Folge ist ein Fasten-Opfer. Durch Verzicht wird das Leben und Wohlergehen anderer möglich.

Unser Körper kann einige Zeit auf Nahrung verzichten, aber nicht lange auf's Trinken. Wer mehrere Tage fasten will, hat sich entsprechend vorzubereiten, es wenn möglich mit Gleichgesinnten zu tun und ärztliche Begleitung zu suchen. Beim Fasten folgt oft die überraschende Erfahrung, dass Hunger und Gelüste weg sind und eine ungeahnte Leichtigkeit und Freude an ihre Stelle tritt. Das kann ja auch grundsätzlich beim Beten geschehen.

## *9. Warum?*

Es war am Karfreitag. „In der neunten Stunde - um 15 Uhr - rief Jesus mit lauter Stimme: Elohi, Elohi, lama sabachthani?" Das heisst übersetzt: „Mein Gott, mein Gott, warum hast du mich verlassen?" (Markus 15,34). Dieser Gebetsruf - kurz vor Jesu Tod am Kreuz - ist dem Anfang des 22. Psalms entnommen. Der 22. Psalm fährt weiter mit den Worten: „Warum hast du mich verlassen, bleibst ferne meiner Rettung und den Worten meiner Klage?" Voll von Hader und Klage ist dieses Psalm-Gebet. Und es ist nicht das einzige dieser Art.

Wie in den Gebeten der Psalmen ist auch im Buch Hiob/Job die bohrende Warum-Frage unüberhörbar. Das ist heute nicht anders. „Warum" ich? „Warum" das? „Warum" greifst du nicht ein? „Warum" hilfst du mir nicht aus meiner Not? Das „Warum" kann zur Anklage werden und zur Glaubenskrise. Der Eindruck, von Gott verlassen zu sein will die Kraft für das Heute rauben und den Sinn des Lebens auslöschen.

Aber Betende suchen beim Beten - trotz allem Nichtverstehen - Gottes Gegenwart, Gottes Antwort und Gottes Hilfe. Sie suchen die neue Erfahrung, die Jesus seinen Nachfolgern - nach Matthäus 28,20 - gegeben hat, als er sagte: „Ich bin bei euch." Das Warum-Gebet ist in seinen tiefsten Tiefen ein Ausdruck der Sehnsucht nach

Gott. Paulus bekannte: „Auch wir selbst - wir seufzen in uns selbst und warten - auf die Erlösung“ (aus Römer 8,22-23). Im Vertrauen auf Gott nennt er die Gewissheit, dass nichts „uns zu scheiden vermag von der Liebe Gottes, die in Christus Jesus ist, unsrem Herrn“ (V. 39). Die Warum-Frage ist nicht das Letzte, ihr folgt die Antwort zu seiner Zeit. Das ist das Vorrecht der Betenden, dass wir in allen Situationen im Gebet die Verbindung mit Gott suchen und neu erleben dürfen.

## *10. Gebet um Heilung*

„O Herr, heile mich, so werde ich heil, hilf mir, so ist mir geholfen; denn du bist meine Hoffnung.“ Diese Bitte aus Jeremia 17,14 wurde seither in vielen Gebeten ausgesprochen und an Gott gerichtet. Wer das Unheil im eigenen Leben erkennt und Heilung für allen Schaden sucht wird dieses Gebet dankbar als persönliche Bitte übernehmen.

Viele denken bei Heilung an die Heilung einer Krankheit. Die Krankheitsnot ist unüberschaubar gross geworden. Heilung ist ein grosses Geschenk. Jesus hat Kranke geheilt und ihnen damit eine neue Lebensmöglichkeit gegeben. Aber heilen, wie Jesus es tat, war umfassender. Jesus hat Kranken die Sünden vergeben und er hat die Kranken körperlich und psychisch geheilt.

Die Bitte um Heilung schliesst die Bitte um Vergebung mit ein. Der ‚verlorene Sohn’ fasste sein Bekenntnis in die Worte: „Vater, ich habe gesündigt..., ich bin nicht mehr wert, dein Sohn zu heissen“ (Lukas 15,18-19). Ein solches Bekenntnis ist oft die Voraussetzung für ein Heilwerden.

Der Jakobusbrief sagt es so: „Leidet jemand unter euch Ungemach, der bete.“ Und speziell: „Ist jemand unter euch krank, so lasse er die Ältesten der Gemeinde zu sich rufen, und sie sollen über ihm beten..., und wenn er Sünden getan hat, wird ihm vergeben werden. So bekennet nun einander die Sünden und betet füreinander, damit ihr gesund werdet“ (aus Jakobus 5,13-16). Dieses Gesundwerden, das Heilwerden ist Gottes Plan und Ziel.

Und wenn die Krankheit bleibt? Wenn sie nicht weggenommen wird? Eine hadernde Frau meinte: „Es stimmt nicht, was in Psalm 103 steht. Dort heisst es: ‚Der dir... alle deine Gebrechen heilt!’ Aber er hat meine Krankheit nicht geheilt.“ Sie hat zwei wichtige Aspekte übersehen. Sie hat die Vergebung der Schuld ausgeklammert, denn der Psalm-Vers sagt: „Der dir alle deine Schuld vergibt und alle deine Gebrechen heilt.“ Und sie hat den Zeitrahmen Gottes nicht beachtet.

Die Bitte um Heil und um Heilung ist die Bitte um Entfernung auch des grössten Schadens; es ist die Bitte um Heilung der Trennung von Gott. Der Schaden der Trennung, der Sünde, soll geheilt werden. Der Schaden des zerstörten Verhältnisses zu Gott soll geheilt werde und geheilt bleiben. Heilung bedeutet:

Kranke und zerstörte Verhältnisse können heil werden in der Gemeinschaft mit Gott.

Zu welchem Zeitpunkt Gott unsere Krankheiten wegnehmen wird, weiss er. Im 103. Psalm lesen wir gegen den Schluss: „Die Gnade des Herrn währt immer und ewig - bei den Frommen, die seinen Bund halten." Die Gnade bleibt auch bei Krankheit. Paulus betete dreimal für die Heilung seines Leidens und dann nahm er den Zuspruch seines Herrn an, der ihm sagte: „Lass dir an meiner Gnade genügen" oder anders übersetzt: „Meine Gnade ist genug für dich, denn die Kraft erreicht ihre Vollendung in der Schwachheit" (2. Korinther 12,9). Frage: An was will ich mir genügen lassen?

## *11. Heiliger Geist und Gebet*

„Gott, weil er gross ist, gibt am liebsten grosse Gaben, ach, dass wir Menschen nur so kleine Herzen haben," das haben wir als Kanon gesungen, damit wir es nicht mehr vergessen. Zu den grossen Gaben zählt Paulus „Gerechtigkeit, Frieden und Freude im heiligen Geist" (Römer 14,18). Jesus lehrte seine Nachfolger, um Gottes Gaben zu bitten. Die grössten Gaben sind die bleibenden, die unvergänglichen, die Gaben, die total und für immer mit Gott verbinden.

Im Anschluss an das „Unser-Vater-Gebet" lesen wir in Lukas 11,11-13: „Wo ist unter euch ein Vater, der, wenn ihn sein Sohn bittet, ihm statt des Fisches eine Schlange gäbe...? Wenn nun ihr, die ihr (doch) böse seid, euren Kindern gute Gaben zu geben wisst, wie viel mehr wird der Vater im Himmel den heiligen Geist geben, die ihn bitten." Die Bitte um den heiligen Geist zählt zu den grössten Bitten. Es ist die Bitte um die Gegenwart Gottes, um die Gemeinschaft mit Gott. Denn: „Gott ist Geist, und die ihn anbeten, müssen ihn in Geist Wahrheit anbeten" (Johannes 4,24).

Im Gespräch mit dem fragenden Nikodemus beschreibt Johannes das Empfangen des Geistes mit einer Geburt: „Was aus dem Geist geboren ist, das ist Geist" (Joh. 3,6). Damit beginnt ein neues Leben. Für die zuvor verzagten Jünger wurde das Erleben am Pfingstfest zu einem Neuanfang: „Sie wurden alle mit dem heiligen Geist erfüllt" (Apg. 2,4). Mit dem heiligen Geist ist Gott selber das Zentrum des Lebens. Der heilige Geist verwandelt die Betenden, das Beten und das Leben. Es zählen nicht mehr die eigenen Leistungen. Wichtig wird, was Gott wirkt.

Gerhard Tersteegen lehrt die grosse Bitte mit den Worten: „Wie die zarten Blumen willig sich entfalten und der Sonne stille halten, lass mich so still und froh deine Strahlen fassen und dich wirken lassen." Gott wirken lassen, denn was Gott verspricht, das schenkt er auch. Wir sind die Empfangenden. Auf unserer Seite bleibt das Danken im neuen Leben - geboren aus dem Geist.

## *12. Gebetszeiten*

Jede Zeit kann zur Gebetszeit werden - Morgen und Abend, Mittag und Nacht. Gott hat jederzeit ‚Sprechstunde'. Alle Zeit ist Gottes Zeit und Zeit für Betende. Alle Zeit ist anvertraute Zeit. Was wir als „unsere Lebenszeit" bezeichnen, ist die uns von Gott geschenkte Zeit. Zeit mit Gott, Zeit in Verbindung mit ihm umfasst selbstverständlich auch bestimmte Gebetszeiten.

Festgelegte Gebetszeiten fanden bei den Glaubenden von je her im Tageslauf und im Kirchenjahr und ihren Platz. Die Bezeichnungen Morgengebet und Gute-Nacht-Gebet weisen auf viel beachtete Gebetszeiten hin. Das Tischgebet enthält einerseits den Dank für die empfangenen Gaben, es setzt aber auch Zäsuren, Momente bewusster Verbindung mit Gott. Gebetszeiten sind nicht Gesetze, sie sind eine Hilfe für die Gestaltung des Tages. Sie erinnern im persönlichen Leben an eine gute Planung.

Jesus hatte seine Gebetszeiten oft an einsamen Orten in der Nacht. Er suchte die Stille und er wies auch seine Nachfolger darauf hin. Jesus erlebte durch die Gebetszeiten die Führung seines Vaters. Auch gemeinsame Gebetszeiten bedürfen der Planung. Sie haben eine grosse Verheissung; Jesus sagt in Matthäus 18,20: „Wo zwei oder drei in meinem Namen versammelt sind, da bin ich mitten unter ihnen." Gebetszeiten sind bewusste Zeiten in der Gegenwart Gottes - mit der Gegenwart von Jesus Christus. - Siehe auch bei Stille Zeit.

## *13. Stille Zeit*

„Stille Zeit" bezeichnet einerseits Zeit für das Gebet, für das Reden mit Gott. „Stille Zeit" umfasst aber auch das Schweigen, das Stille-werden und das Stille-sein. Stille Zeit ist primär Zeit zum Hören. Die Kurfassung eines Liedes sagt: „Wenn der Mensch hört redet Gott. Wenn der Mensch gehorcht handelt Gott."

Wir haben nur einen Mund aber zwei Ohren und zwei Augen. „In den Bergen reden wir nicht nur drauflos. Wir hören auch aufs Echo" sagte ein Bergler. Das Echo, der Widerhall ist etwas Faszinierendes. Das Echo - und das Hören - ist nicht nur in den Bergen von Vorteil. Jesus sagt in Markus 4,9: „Wer Ohren hat zu hören, der höre." Die „Stille Zeit" umfasst ganz bewusstes Hören auf Gottes Antwort und grundsätzlich auf Gottes Wort.

Zum Hören kommt das Sehen. „Betrachtung" nannten es die Eremiten, „schauende Versunkenheit in Gott" als Kontemplation. Propheten bezeugten nach dem Hören: „So spricht der Herr." Und nach dem Schauen: „Und ich sah..." Die Stille Zeit in der Gegenwart Gottes kann verbunden sein mit Meditation, mit nachsinnender Betrachtung, mit Nachdenken. Stille Zeit kann aber auch ohne Worte und ohne formulierte Gedanken eine Zeit der Stille bedeuten. Der Künstler hört oder sieht was noch nicht ist. So ergeht es den Glaubenden, Hörenden und Schauenden, sie vernehmen, was sein wird. Wer aus der Stille mit Gott kommt, geht anders in den Tag und begegnet den Mitmenschen auf eine neue - von Gott geprägte - Art und Weise.

Wissen wollen und Sehnsucht werden gestillt. Gott ist da. Jesus, der Auferstandene ist da - besonders für die, „denen Jesus Christus als Gekreuzigter vor Augen gemalt worden ist“ (Galater 3,1). Vor allem griechisch-orthodoxe Christen kennen das sogenannte „Jesus-Gebet“: „Kyrie Jesou Christe - hyie tou Theou - eleäson me“ - „Herr, Jesus Christus - Sohn Gottes - erbarme dich meiner.“ Zum Einatmen kommen die Worte „Herr, Jesus Christus - Sohn Gottes“ und zum Ausatmen die Bitte: „Erbarme dich meiner.“ Das wiederholte „Jesus-Gebet“ mag ungewohnt und monoton erscheinen oder mit einem Mantra, einer Zauberformel verwechselt werden, aber wer es betet, wendet sich ganz klar an Jesus Christus und bittet um sein Erbarmen.

## *14. Gebete*

„Von Herzen mit Gott reden“ bezieht sich sowohl auf das spontane, freie Beten, wie auch auf die Verwendung aufgeschriebener Gebetsworte. Viele Gebete bestehen aus Gedanken und Worten, die andere auch schon gebetet haben. Kinder erlernen das Sprechen mit Worten der Eltern und Bekannten. Und doch reden Kinder mit den Eltern spontan und frei formulierend. Betende haben bewusste oder unbewusste Vorbilder, die ihr Beten mitbestimmen.

Das spontane, freie Gebet erwächst aus der persönlichen Beziehung zu Gott - wie zu einem Vater - und zu Jesus Christus - wie zu einem Bruder und Freund. Das schliesst den Unterschied zwischen Mensch und Gott nicht aus. „Wir sind der Ton und du unser Bildner“ sagt Jesaja 64,8. Zum Beten gehört das Wissen „dass Gott grösser ist als unser Herz“ (1. Joh. 3,20). Und trotzdem dürfen wir unser Herz sprechen lassen, denn beim Gebet ist nicht die Lautstärke entscheidend sondern die Ausrichtung. Es ist gut zu wissen: Gott kennt unsere Gedanken. Und wenn wir keine Worte finden versteht Gott unser Seufzen. Das Gebet: „Du weisst alles“, kann oft mehr aussagen als viele Worte.

Besonders in schwierigen Situationen kann es uns eine Hilfe sein, ein bereits formuliertes Gebet übernehmen zu dürfen. „Herr, weise mir deinen Weg und leite mich.“ Dieses Gebet ist ein Teil des 27. Psalms und es wurde fur mich als Teenager zu meinem ganz persönlichen Gebet. Mit andern Gebeten kann es uns ähnlich ergehen. Viele beten in wachen Nachtstunden Worte bekannter Psalmen, z.B. aus Ps. 23: „Ob ich schon wanderte im finstern Tal fürchte ich kein Unglück, denn du bist bei mir.“ Aus Ps. 31: „In deine Hand befehle ich meinen Geist, du erlösest mich, Herr, du getreuer Gott... Ich vertraue auf dich, o Herr; ich spreche: Du bist mein Gott. Meine Zeit steht in deinen Händen.“ Mit Ps. 130: „Aus der

Tiefe rufe ich, Herr, zu dir; höre auf meine Stimme.“ Aus Ps. 145: „Täglich will ich dich preisen und deinen Namen rühmen immer und ewig.“

Neben speziellen Sammlungen in Gebet-Büchern und im Internet bieten christliche Gesangbücher eine reiche Quelle an Gebeten aus verschiedenen Zeiten und Situationen. Sie können uns helfen, die notwendige Klarheit zu finden und uns vor geistlosem Plappern zu bewahren. Gebete - vertont zu Liedern - laden ein zu gemeinsamem Singen, Danken und Anbeten.

## *15. Segen*

„Ich lasse dich nicht, du segnest mich denn!“ Diese Worte folgten dem Nacht-Erlebnis Jakobs (Genesis/1. Mose 32,27). Mit „Gebet und Kampf“ ist dieses Kapitel in meiner Bibel überschrieben. Beim Segen geht es nicht um etwas das leichtfertig oder nebenbei geschieht. Segen hat mit Gott zu tun. Das hebräische Wort für Segen (barak) bedeutet einerseits Verneigung der Betenden vor Gott und andererseits Gottes gnädige Zuwendung. Im Neuen Testament bezeichnet segnen (eulogein): Gutes reden, gute Worte sagen. Das bezieht sich primär auf Gottes Zuspruch und es ist verbunden mit Gottes guten Gaben. Gott ist der Segnende. Gut fasst es das Sprichwort zusammen, wenn es sagt: „An Gottes Segen ist alles gelegen.“

Der Abschluss christlicher Gottesdienste geschieht mit dem Segen. Die Bitte um Gottes Segen umschliesst und überragt die andern Bitten, denn Gottes Segen ist umfassend. In kirchlichen Feiern wie Taufe, Konfirmation und Trauung wird Gottes Segen für die Betreffenden erbeten. Das Empfangen von Gottes Segen ist immer ein ganz persönliches Erlebnis. Deshalb ist es ist ein gutes Gebet, zu beten: „Ich lasse dich nicht, du segnest mich denn.“ Wer so betet, will nicht ohne Gottes Segen leben und weitergehen. Wer um Gottes Segen bittet, möchte nicht nur etwas für sich selber. Die Bitte schliesst mit ein, ein Segen sein für andere zu sein, für andere zum Guten, zum Wohl, zum Heil da zu sein und für sie zum Guten - positiv - zu reden und zu handeln.

Neben der Bitte um Gottes Segen wird Gottes Segen auch als Zuspruch empfangen. Der sogenannte aaronitische Segen zählt zu den bekannten Formen. 4. Mose/Numeri 6,23-27 sagt, so sollt ihr sprechen, wenn ihr segnet: „Der Herr segne dich und behüte dich. Der Herr lasse sein Angesicht über dir leuchten und sei dir gnädig. Der Herr erhebe sein Angesicht auf dich und gebe dir Frieden.“ Der Segen kommt von Gott und schliesst in der Verbindung mit Gott Bewahrung, Gnade und Frieden mit ein. Gesegnete bringen Gottes Segen zu ihren Mitmenschen. Paulus sagte mit grosser Überzeugung: „Ich weiss, dass ich den vollen Segen Christi mitbringe, wenn ich zu euch komme“ (Römer 15,29 Die Gute Nachricht). Wer um Gottes Segen bittet und den Segen von Jesus Christus empfangen hat, wird seinen Segen auch andern bringen.

# Gebet mit Psalm 139 - Auch da bist du

*Ein Wochengebet -*

*aufgegliedert auf sieben Tage*
*Jesus sagt in Matthäus 28,20:*
*„Siehe ich bin bei euch alle Tage."*

*Montag*

Du kennst mich, mein Herr und mein Gott.
Du kennst mich besser als ich mich selber kenne.
Andere mögen verkennen, wer ich bin;
du kennst mich durch und durch.
Du weisst, wo ich bin, wo ich sitze oder stehe,
wo ich sitzen oder stehen wollte,
und wo ich sitzen oder stehen gelassen wurde.
Wie gut ist es doch, dass du es weisst, weil du mir zu Recht hilfst.
Du siehst und verstehst meine Gedanken und meine Gebete,
auch wenn sie nicht ausgesprochen sind.

*Dienstag*

Du weisst, wo ich je unterwegs war
und welchen Weg ich jetzt gehe.
Du weisst, wie lang die Wegstrecken meines Lebens waren
und wie lang sie noch sein werden.
Du hast das rechte Mass für alles.
Du weisst, wo ich liegen musste, kraftlos und krank,
aber du schenkst mir wieder Zeiten der Erquickung.
Ich lege mich hin und ruhe in deinem Frieden.
Du bist mit meinem ganzen Leben voll vertraut.

*Mittwoch*

Es ist kein Wort auf meinen Lippen, das du nicht kennst.
Du hörst mein Rufen aus grosser Not.
Und du erhörst mein leises Flüstern in Augenblicken der Angst.
Was ich unbedacht und verletzend gesprochen habe,
ich kann es nicht ungeschehen machen.
Aber es tut mir leid, du weisst es.
Du vergibst und heilst mein Verfehlen.

*Donnerstag*

Du hältst mich.
Du lässt mich nicht fallen und du verlässt mich nicht.
Von allen Seiten umgibst du mich.
In dir bin ich immer und überall geborgen.
Du befreist mich aus den Zwängen des Daseins.
Du befreist mich zur grossen Freiheit der Nachfolger Jesu.
Du hast deine Hand auf mich gelegt,
um allen zu zeigen, dass ich zu dir gehöre.
Ich bin dein von dir beschütztes Eigentum für Zeit und Ewigkeit.
Deine segnende Hand weiss ich über mir und meinem Weg.
Nicht dass ich es verdient hätte.
Deine Güte ist zu wundervoll, zu unbegreiflich,
zu gross, als dass ich alles fassen könnte.

*Freitag*

Mein ganzes Sein und Leben ist von dir gehalten.
Sollte ich je mich von dir abwenden?
Wollte ich fliehen vor deiner Gegenwart, so müsste ich mich fragen:
Wohin soll ich gehen vor deinem Geist?
Wohin soll ich fliehen vor deinem Angesicht?
Suchte ich ein Versteck am entferntesten Meer - du bist schon dort.
Du hältst deine Hände ausgestreckt,
du bist bereit, mich aufs Neue zu umarmen und zu halten.
Wollte ich im Dunkel mich verbergen - einsam in finsterster Nacht:
Du bringst die Nacht zum Leuchten und wandelst Finsternis in Licht.
Erreichte ich den Himmel: Du bist da.
Und verliesse ich die Welt der Lebenden und ginge zu den Verstorbenen:
Auch da bist du. Ja, auch da bist du.

*Samstag*

Du hast mir das Leben gegeben, mein Herr und mein Gott.
Du hast mich gewollt und bejaht.
Du hast mich umsorgt mit Zuwendung wie eine Mutter.
Dein wundervolles Wirken erkenne ich an mir und deinem Weg mit mir.
Ich danke dir, dass deine Herrlichkeit in meinem Dasein sichtbar ist.
Mit Leib und Seele bin ich gehalten von deinem Geist.
Und was noch kommen wird: Du weisst es.
Du siehst die Tage die vor mir sind.
Im Tagebuch des Lebens gibst du jedem neuen Morgen Sinn und Ziel.
Mein Gott und Vater, vieles verstehe ich nicht, aber ich vertraue dir doch.

*Sonntag*

Deine Gedanken sind grossartig,
sie sind höher als mein begrenztes Denken und Erkennen.
Du hast ungezählte Möglichkeiten und Wege,
wo ich keine Lösungen mehr sehe.
Wenn ich nach sorgenvoller oder erholsamer Nacht erwache:
Noch - und immer bin ich bei dir.
Hass und Vergeltung haben nicht Bestand.
Das lehrst du mich bei Jesus Christus.
Darum: Erfülle mein Herz mit Liebe
und führe meine Gedanken zum Guten.
Leite mich, treuer Gott und Herr,
leite mich auf deinem Weg der Verheissung und der Erfüllung
– alle Zeit.

*und als Kurz-Gebet mit Psalm 139:*

## *Du verstehst mich*

Du, Herr, kennst mich.
Du weisst, was ich denke und wo ich bin.
Du verstehst mich.
Deine starke Hand hält mich.

Wohin könnte ich fliehen vor dir?
Wohin ich auch gehe, du bist schon da.
Staunend erkenne ich dein Wirken, deine Wunder.
Nicht hassen – dir vertrauen will ich.

*Theophil Tobler - Psalmen-Gebete*

Dritter Teil

## **Gebete - Gedichte** von Theophil Tobler

Die verschiedenen Lebenssituationen führen zu unterschiedlichen Gebeten. Manchmal ist es nur ein Stossseufzer. Beten bedeutet immer neu Gemeinschaft mit Gott. Oft sind es alltägliche Worte und Bitten. Manchmal wird das Gebet zu einem Lied, zu einem Psalm oder zu einem Gedicht - auch für andere.

## Ich bin krank

*Er sagte: Krank. Ein Schock.*
*Der Arzt sprach von Operation. Muss das sein?*
*Was sonst? Wo finde ich Hilfe und Heil?*

Ich, ach Herr, ich bin krank.
Der Schock sitzt tief.
Ist das des Lebens Dank?

Schon mancher rief zu dir.
Du hörtest hin.
Erbarme dich auch hier.

Was ist des Leidens Sinn?
Erkläre du:
Was bleibt denn als Gewinn?

Ich suche Heil und Mut.
Komm du zu mir,
das ist das beste Gut.

## Nimm meine Hand

*Ich habe sie gespürt, die Hand, die sich auf meine legte.*
*Und ich spürte mehr als nur eine Hand.*
*Ich erlebte wohltuende Nähe und Verbundenheit. - Liebe.*

Nimm meine Hand
und führe mich.
Der Tag verblich.
Du kennst das dunkle Land.

Und schreckt die Nacht:
Du bist das Licht.
Du, Herr, weichst nicht.
Du hältst die treue Wacht.

In deiner Hand
sind Plan und Zeit.
Ich bin bereit -
mit dir - für neues Land.

## Überlassen macht gelassen

*Stress und Hetze werden vielen zu Krankheitsfaktoren.*
*Überlastung, burn out, Depression sind Zeitzeichen.*
*Ich muss nicht alles tun, was andere von mir erwarten.*
*„Überlassen" nannten die Mystiker das Eins sein mit Gott.*

Überlassen will ich dir,
was mich über alle Massen
hart bedrängt, belastet hier.
Überlassen will ich's dir.

Warten, glauben – lehre mich,
dass du alles recht wirst lenken.
Ich vertraue, Herr, auf dich.
Überlassen will ich mich.

Tag und Stunde kennst nur du.
Bei dir werde ich gelassen.
Du nur schenkst mir Kraft und Ruh'.
Die Gelassenheit schenkst du.

Überlassen hab ich dir,
was mich über alle Massen
hart bedrängt, belastet hat.
Überlassen hab ich's dir.

## Auch heute ist dein Tag.

*Heute? Ist dieser Tag etwas Besonderes?*
*Habe ich etwas zu erwarten?*
*Was wird mir begegnen? - Wer?*

Auch heute ist dein Tag.
Du, Vater, kennst mein Fragen.
Du hast geführt, getragen.
Du wirst auch weiter leiten,
wirst Wege vorbereiten
an jedem neuen Tag.

## Des Tages letzter Schein entwich

*Abschied nehmen gehört zum Leben.*
*Der Abend gehört zum Abschied vom Heute.*
*Was bleibt? Was wird kommen?*
*Die Antwort ist Jesus Christus.*

Des Tages letzter Schein entwich.
Die Nacht hat mich umfangen.
Und was auch sonst im Nu verblich:
Ich bleibe an dir hangen.

Nichts löst von deiner Seite mich,
du selbst hast es versprochen.
Du liebst mich, und ich liebe dich,
das wird durch nichts gebrochen.

Und spüre ich die Hand auch nicht,
die immer mich gehalten:
Ich weiss, mir leuchtet doch dein Licht
trotz aller Nachtgestalten.

Der neue Morgen kommt und tagt
nach langen, bangen Stunden.
Wer es mit dir, Herr Christus, wagt,
hat schon das Ziel gefunden.

## Die Fata Morgana

*Manche verlockende Oase führt weg vom rechten Weg,*
*es war eine Fata Morgana, eine Täuschung.*
*Täuschungen können das Leben kosten.*
*Jesus bringt nicht Täuschung sondern Führung.*

Die Fata Morgana kann es nicht sein,
die mich lockt mit ihrem Schein.
Ich suche die Wahrheit.
Bei dir allein, Jesus Christ, kann sie sein.

Mein Irren und Fragen treibt mich zu dir.
Wort und Weg: Schenk du dich mir.
Mein Hoffen und Glauben, Herr, stärke du.
Du, mein Ziel, bist Heil und Ruh.

## Du kommst in schwerer Zeit

*Es gibt viele ‚Du' und sehr unterschiedliche.*
*Ein ‚Du' ist anders: Du, Jesus Christus.*
*So persönlich dürfen wir ihn anreden.*
*Als persönliches ‚Du' lässt er sich erfahren.*

Du kommst in schwerer Zeit,
bist hautnah mit dabei,
enthältst dich List und Streit,
verbindest, was entzweit.

Du steigst in Angst und Not,
in Sorge, Schuld und Schmerz,
nimmst Teil an aller Not
und teilst das gute Brot.

Du sprichst und es geschieht.
Dein Wort ist Gottes Wort.
Und wer sich dem entzieht,
bleibt leer zurück und flieht.

Du gehst Verirrten nach
und schonst dein Leben nicht,
erträgst Spott, Hohn und Schmach
und kennst ein bergend' Dach.

Die Türe - offen steht,
und alles ist bereit.
Du schenkst, was nie vergeht,
wo Leben aufersteht.

## Sterben ist ein Abschiednehmen

*Für eine Reise oder für einen Umzug treffen wir Vorbereitungen.*
*Die Zeit vor dem Ereignis hat Auswirkungen auf das Gelingen.*
*‚Die letzte Reise' wird der Abschied aus dieser Zeit genannt.*
*Ist alles bereit? Und hat die Vorfreude schon begonnen?*

Sterben ist ein Abschiednehmen
von Geliebten dieser Zeit,
von dem Schönen und Bequemen
irdischer Vergänglichkeit.

Sterben lernen heisst: Sich trennen
vom Ballast von Gut und Schuld
und sich ganz zu dir bekennen,
Christus, Mittler der Geduld.

Sterben heisst: Schon überwinden,
wie du überwunden hast,
durch den Tod das Leben finden
frei von aller Sorgenlast.

Mit dir, für dich, Herr, gestorben
ist der Wechsel aus der Not.
Du hast uns das Heil erworben
reichst den Kelch und teilst das Brot.

## Was du begonnen hast

*Als „Stückwerk" hat Paulus unser Tun bezeichnet.*
*Vieles bleibt unvollendet - ein Torso, eine unvollendete Symphonie.*
*Oft sind nur noch Bruchstücke vorhanden.*
*Aber es soll und wird ein Neues, ein Ganzes werden.*

Was du begonnen hast,
wirst du vollenden.
Der Erde Leid und Last
kannst du nur wenden.
Du wirst es tun.

Wo unser Mut versagt,
schenkst du den Glauben.
Was hoffen nie gewagt,
lässt du nicht rauben.
Dein Plan steht fest.

Du selbst bis ewig treu,
wo wir vergessen.
Du schaffst nun heil und neu.
Wer kann's ermessen?
Dein ist das Reich,
die Herrlichkeit.

## Die Liebe bleibt

*Gibt es etwas, das bleibt? - Was?*
*Paulus nennt als Grösstes die Liebe,*
*die frei schenkende Liebe.*
*Lieben heisst leben.*

Die Liebe bleibt
mit glauben und hoffen.
Was Blüten treibt,
ist wundersam offen.

Nicht meine Kraft
wirkt bleibende Gaben.
Was du geschafft,
lässt du mich nun haben.

Ich bin beschenkt
und kann dir nur danken.
Von dir gelenkt
muss niemand mehr wanken.

Du, Herr, gehst mit
durch finstere Gassen.
Was je ich durchlitt:
Hast nie mich verlassen.

## Es schläft die Welt

*Zur Ruhe kommen ist heilsam.*
*Nur lässt sich die Ruhe der Gedanken, die innere Ruhe nicht befehlen.*
*Die Ruhe empfangen, die Ruhe sich schenken lassen ist der bessere Weg.*

Es schläft die Welt. Ich liege wach.
Noch kreisen die Gedanken.
Sie kommen nicht zur Ruh.
Du, Vater, kennst die Kranken. Umgib sie du.

Was war und ist, du weisst es, Herr.
Ich darf es überlassen,
mein Sinnen löst es nicht.
Nur du kannst alles fassen, was uns gebricht.

Dein Friede hüllt das Dunkel ein,
und ich bin mit umfangen.
Ich weiss, dass nichts mich trennt
von dir - und dem Verlangen, das alle kennt.

Es schläft die Welt.
Ich werde still und bin bei dir geborgen.
Herr, hilf und heile du,
bring Schmerzen noch und Sorgen du selbst zur Ruh.

## Es war ein Tag der Schmerzen

*Mitleiden ist schmerzhaft.*
*An der Situation der Leidenden Anteil nehmen bringt Leiden.*
*Auf viele Fragen haben wir keine Antwort.*
*Besser als Ratschläge ist geteiltes Leid.*

Es war ein Tag der Schmerzen,
ein neuer und doch gleich
wie schon so viele.
Ach, Herr, es ist genug.

Wie soll ich noch ertragen
in Zukunft solche Pein
und dieses Quälen?
Es macht mich irr statt klug.

Wird mir kein Arzt, zu helfen?
Und keine Therapie?
Ist Rat am Ende?
Und Medizin Betrug?

Du hast mich eingeladen,
zu bitten ohne Scheu.
Du bleibst der Treue,
der Hilfe nie vergrub.

## Dich lieben ist Leben

*Auflehnung ist das eine.*
*Anlehnung an Jesus Christus - mit Vertrauen - ist der andere Weg.*
*Der Jünger Johannes kannte diesen Weg der Liebe; er schreibt:*

*„Wir lieben, weil er uns zuerst geliebt hat" (1. Joh. 4,19).*

Dich lieben ist Leben,
dir leiden wird Sieg.
Was je du gegeben
beendet den Krieg.

Mit dir, Herr, verbunden,
in dir ganz geeint,
schenkst du das Gesunden
zum Heil, das vereint.

Du leihst mir das Schweigen
bei Trauer und Tod -
und Worte gleich Zweigen
zur Freude in Not.

Dich lieben ist Leben,
dir leben wirkt Sinn.
Was je du gegeben,
das bleibt als Gewinn.

## Dein Licht erlischt mir nicht

*Die Kerze erlischt nach einer gewissen Zeit. Gottes Licht erlischt nicht.*
*Jesus Christus sagt: „Ich bin das Licht" (Joh. 8,12).*
*Sein Licht bleibt, denn er bleibt.*

Dein Licht erlischt mir nicht,
wie dunkel es noch wird.
Und wo der Boden bricht,
trägt mich der gute Hirt.

Du hast mich stets geliebt,
aufs Neue es gezeigt.
Du bist, der alles gibt
und mir auch nichts verschweigt.

Mit allem bin ich dein,
und du gibst mir dich ganz.
Was gross erschien, wird klein
in deinem Heil und Glanz.

## Des Leidens tiefster Sinn

*Hiob, der grosse Leidende, fragte nach dem Sinn seines Leidens.*
*Die gelehrten Freunde konnten ihm nicht aus seiner grossen Not helfen.*
*Gott selbst musste Hiob begegnen.*
*Das wurde ihm zur grossen Wende.*
*Hiob 42,5-6.*

Des Leidens tiefster Sinn
ist immer noch verborgen.
Es lasten neue Sorgen.
Worin liegt der Gewinn?

Und wer hilft mir ertragen,
wo keine Antwort ist?
Dich, Jesus, will ich fragen,
der niemand je vergisst.

Du hast den Schmerz gekannt
und wusstest dich verlassen,
dich doch an Gott gewandt -
vertrauend - ohne hassen.

Steh bei mir - hier im Harren.
Trag mich mit meiner Last,
dass Zweifel mich nicht narren.
Ich bleibe stets dein Gast.

## Die Nacht hält meine Lider wach

*Was tun, wenn der Schlaft nicht kommen will?*
*Mein Ur-Grossvater repetierte den 119. Psalm, den längsten.*
*Ich halte mich an kürzere Psalmen, z.B. die Psalmen 23; 103 und 121*

Die Nacht hält meine Lider wach
und die Gedanken kreisen,
verlassen fragend Raum und Dach
zu unvertrauten Weisen.

Was war ist nun vorbei.
Es bleiben deine Worte.
Ich schaue froh und frei
die schöne, off'ne Pforte.

## Es kommt die Stunde

*Fragen begleiten mich: Lohnt sich das Warten?*
*Erfüllt sich das Hoffen? Wer wird mir schenken, was ich brauche?*

Es kommt die Stunde, der Tag, die Zeit,
da werden Herzen und Sinne weit -
weit offen für Frieden, für Freude und Glück,
und alle, die irrten, sie kehren zurück.

Ein neues Fragen bricht sich Bahn:
Geduld und Liebe - statt kalter Wahn.
Verwandelte Wesen verändern die Welt,
die Kranken genesen, das Dunkel erhellt.

Noch zählt das Warten. Wer hält es aus
und stärkt die Müden in Sturm und Haus?
Dem Glauben folgt schauen, Verheissung wird klar,
dem Zuspruch vertrauen. Was Gott sagt ist wahr.

## Es schmerzt das Leid

*„Freut euch des Lebens“ haben wir einst gesungen.*
*Was tun wenn die Freude nicht mitgeht?*
*Zermürbend sind die Qualen unbeantworteter ‚Warum‘.*
*Ich will es aussprechen vor dir, Herr. Du kennst diesen Weg.*

Es schmerzt das Leid.
Die Wunde wird nicht heil.
Ein fremder Neid mich fesselt -
wie ein Seil.

Ich schlafe nicht.
Erlebtes hält mich wach.
Wie ein Gewicht belasten
Weh und Ach.

Mach du mich frei.
Gefesselt warst auch du.
Stehst du mir bei, bist du mir
Kraft und Ruh.

## Der Blüten-Baum zerbrach

*Der alte Apfelbaum blühte auch dieses Jahr.*
*Aber er hielt dem Unwetter nicht mehr Stand.*
*Er brach entzwei - wie so vieles.*
*Alles hat seine Zeit. Das zu akzeptieren ist oft hart.*

Der Blüten-Baum zerbrach entzwei.
Dem Alter und dem Sturm
hielt er nicht Stand.
Wie ein zerstörter Turm zerfällt, ist seine Zeit vorbei.

Und bald zerbricht, was spät noch blüht.
Es ist der Lauf der Zeit,
doch bleibt ein Pfand für alle Ewigkeit.
Ein neuer Morgen schon erglüht.

## **Ich werde sterben** - Abendgebet

*Eine klare Gewissheit.*
*Mit zittriger Schrift waren seine letzten Worte geschrieben.*
*Aber der nachfolgende Anruf war klar:„Ich werde sterben – schon bald."*
*Der Ausblick ging über Tod und Grab hinaus zu Gottes Gnade, zum Leben.*
*„Ich lebe – und ihr sollt auch leben" sagte Jesus den Seinen" (Joh. 14,19).*

Ich werde sterben.
Ich weiss nicht wann.
Ich weiss nur:
Dann zerbricht in Scherben,
was brüchig war.

Soll Neues werden,
vergeht, was ist.
Ich weiss als Christ,
dass hier auf Erden
ein Abschied kommt.

Wohin ich gehe,
ist mir bekannt.
Du hast genannt das Ziel.
Ich sehe:
Du wartest schon.

Du wirst verwandeln
in neues Sein.
Herr, ich bin dein.
Wie du wirst handeln,
bleibt ewig gut.

Ich werde leben.
Von dir beschenkt,
zu dir gelenkt,
durch dich vergeben -
bin ich bei dir. Amen

*Diese Worte wurden in den Tagen vor*
*dem Sterben zum täglichen Abendgebet*

## Du hast mich gesucht

*Wer interessiert sich denn für mich?*
*Ich kenne sie, die Pflichtbesuche.*
*Eine echte Begegnung bedeutet mehr.*
*Und doch ist einer, der weiss was ich brauche.*

Du hast mich gesucht, als ich irrte,
für mich gebucht und bezahlt.
Du bist mir Freund
und mein Hirte.
Die dunkle Nacht
nun erstrahlt.

Was je ich gefehlt, ist vergeben,
du trugst das Kreuz und die Schuld.
Dir sag ich Dank
mit dem Leben.
Du machst mich frei,
hast Geduld.

Wer je noch versagt, findet Gnade
und unverdient grosses Glück
bei dir, Herr Christ,
sind die Pfade für alle Zeit.
Kein Zurück.

## Sprich nur ein Wort *

*Es wird viel gesprochen und besprochen -*
*bei Gesunden und bei Kranken.*
*Nicht alles ist hilfreich.*
*Weniger ist oft mehr.*
*Ein Wort...*

Sprich nur ein Wort, so werde ich gesund.
Du, Heil und Hort,
nimmst mich in deinen Bund
für alle Zeit.

Du kennst die Not der Welt mit ihrem Leid.
Du teilst das Brot,
beendest Hass und Neid
und stillst den Durst.

Ich glaube dir, vertraue blind und treu.
Du bist bei mir
und schaffst bald alles neu
für alle Zeit.

* Matthäus 8,8; Lukas 7,7

## Du hast uns nicht verlassen

*Allein sein kann als wohltuend empfunden werden.*
*Allein sein kann aber auch zur Einsamkeit führen.*
*Dann ist die Zusage neu zu hören, die Jesus gab:*
*„Schau, ich bin bei euch alle Tage..."*

Du hast uns nicht verlassen,
Herr, Jesus Christ.
Wer kann, wird es jetzt fassen,
dass du erstanden bist aus Tod und Grab.

Der Beistand ist gegeben,
der Geist der Kraft,
mit ihm ein neues Leben,
das er nun in uns schafft zu deinem Dienst.

Beschenkt mit deiner Liebe wird Altes gut.
Du weckst die neuen Triebe,
verleihst Geduld und Mut,
gehst selber mit.

## Vergiss es nicht

*Die Vergesslichkeit ist eine heimtückische Krankheit.*
*Nicht immer ist sie altersbedingt.*
*Schon Junge vergessen Wichtiges.*
*Nicht umsonst sagt Psalm 103:*
*„Vergiss nicht, was er dir Gutes getan hat.“*

Vergiss es nicht,
für heute noch zu danken.
Der Tag war reich
an Blüten und an Ranken.
Vergiss das Gute nicht.

Du bist beschenkt
durch Herzen, Glück und Gaben.
Vergiss es nicht
bei vollen Honigwaben.
Auch du bist reich beschenkt.

Die Liebe bleibt -
bricht Fragen und Vermissen.
Du bist beschenkt.
Gottes will dich glücklich wissen.
Sein grosses Lieben bleibt.

Und weicht die Zeit,
du bist in Gott geborgen.
Die Liebe bleibt.
Es folgt ein neuer Morgen:
Befreit in Ewigkeit.

*Inschrift am Grab von Sören Kierkegaard - übersetzt von Paul Dieterich:*

*Der Anfang und das Ende, ach Herr, sie sind dein,*
*die Spanne dazwischen, das Leben, war mein.*
*Und irrt ich im Dunkel und fand mich nicht aus,*
*bei dir, Herr, ist Klarheit - und Licht ist dein Haus. - Gesangbuch der EMK*

## Wenn die Nacht an dein Fenster pocht

*Nacht - mit vielen Bedeutungen. Das Einnachten gehört zum Abend.*
*Umnachtet sein ist weitgehend unabhängig vom Tageslauf -*
*und schwer zu ertragen. Wer wird durchhalten?*

Wenn die Nacht an dein Fenster pocht -
und die Sterne verbergen ihr Licht,
wenn der Sturm in den Wolken kocht
und die Kerze verweigert den Schein,
bist du dennoch nicht allein.

Und du fragst, was die Krankheit will,
doch ihr Schweigen vermehrt dir die Pein.
Dein Gebet wird leise, wird still
und es wird dir zur Beichte gewandt.
Du bist dennoch nicht verbannt.

Der dich hört und auch ganz versteht,
ist dir näher als je du gedacht.
Mag dein Freund, der oft mit dir geht,
dich verlassen: Der nie von dir weicht -
seine Hand dir dennoch reicht.

## Komm, Jesus, komm, du Trost

*Kommt er? Oder kommt er nicht, der Besuch?*
*Ihn einladen ist besser als stumm warten.*

Komm, Jesus, komm, du Trost und Heil,
gib uns an deinem Frieden Teil.
Auf dich allein noch hoffen wir
und schauen wartend aus nach dir.

Komm, Jesus, komm, und bringe du
Leid, Tränen, Schmerz nun ganz zur Ruh.
Nimm du Gebet und Seufzer wahr
und künde uns das neue Jahr.

Komm, Jesus, komm. Der Tod erschreckt,
wenn Schuld und Schaden nicht bedeckt
und noch als Last uns bleiben will.
Mach du uns frei, im Glauben still.

## Noch naht der Morgen nicht

*Mitternacht ist oft länger als zwölf Glockenschläge.*
*Und das Warten auf den Morgen kann lange dauern.*
*Aber ich weiss: Ich bin nicht vergessen.*
*Und nichts kann mich von Gottes Liebe trennen -*
*auch in der Nacht.*

Noch naht der Morgen nicht.
Die Nacht ist erst im Kommen.
Sie hat dem Tag, dem Licht, den letzten Glanz genommen -
die Mitternacht.

Was lärmte wird nun still.
Was prahlte muss verblassen,
und manches: „Ich! Ich will!“ verhallt bei leeren Kassen -
um Mitternacht.

Doch über allem wacht,
der kam und wird erscheinen.
Er hat an dich gedacht, dich mit ihm nun zu einen -
trotz Mitternacht.

In *www.christliche-gebete.ch stehen weitere Gebete zur Verfügung*

MIX
Papier aus verantwortungsvollen Quellen
Paper from responsible sources
FSC® C105338

Printed by Books on Demand GmbH, Norderstedt / Germany